Hermann Hesse im Jahr 1899

HERMANN HESSE

LULU

Ein Jugenderlebnis,
dem Gedächtnis E. T. A. Hoffmanns gewidmet
(Geschrieben 1900)

Mit Zeichnungen von
Konrad Raum

SCHÖLLKOPF VERLAG
Kirchheim unter Teck 1999

Zweite, veränderte und ergänzte Auflage 1999
Die erste Auflage erschien 1988

© für das „Lulu-Kapitel":
Aus „Hermann Lauscher", Gesammelte Dichtungen
Suhrkamp Verlag, Frankfurt am Main 1952
© für die Briefe: Aus „Kindheit und Jugend vor 1900" Band 2
Suhrkamp Verlag, Frankfurt am Main 1978
© für „Kastanienbäume": Aus „Bilderbuch" erweiterte
Ausgabe, Suhrkamp Verlag, Frankfurt am Main 1958
© dieser Ausgabe: Roland Schöllkopf Verlag,
Kirchheim unter Teck 1999
Das Porträt von Hermann Hesse wurde im Jahr 1899 vom
Fotoatelier Hofmann in Kirchheim aufgenommen.

Umschlagentwurf: DANI
Gesamtherstellung: Proff GmbH, Eurasburg
Printed in Germany 1999

ISBN 3-927189-09-X

I

Die schöne alte Stadt Kirchheim war soeben von einem kurzen sommerlichen Regen abgewaschen worden. Die roten Dächer, die Wetterfahnen und Gartenzäune, die Gebüsche und die Kastanienbäume auf den Wällen glänzten freudig neu und stattlich, und der steinerne Konrad Widerholt mit seiner steinernen Ehehälfte freute sich still beglänzt seines noch rüstigen Alters. Durch die gereinigten Lüfte schien die Sonne schon wieder mit kräftiger Wärme herab, in den letzten hangenden Regentropfen des Gezweiges blitzende Funkenspiele entzündend, und die freundliche breite Wallstraße floß vom Glanze über. Kinder sprangen einen fröhlichen Reihen, ein Hündlein kläffte jauchzend ihnen nach, die Häuserzeile entlang flatterte in unruhigen Bögen ein gelber Schmetterling.

Unter den Kastanien des Walls, auf der dritten Ruhebank rechts von der Post, saß neben seinem Freunde Ludwig Ugel der durchreisende Schöngeist Hermann Lauscher und erging sich in heitern und anmutigen Gesprächen über die Wohltat des niedergefallenen Regens und die wieder hervortretende Bläue des Himmels. Er knüpfte daran phantasierende Betrachtungen über Dinge, die ihm am Herzen lagen, lustwandelte nach seiner Gewohnheit unermüdet auf dem Anger seiner Redekunst. Während der langen schönen Reden des Dichters lugte der stille und vergnügte Herr Ludwig Ugel öftere Male scharf über die Boihinger Landstraße hinaus, in Erwartung eines Freundes, der von dorther eintreffen sollte.

»Ist's nicht, wie ich sage?« rief der Dichter lebhaft aus und erhob sich ein wenig von der Sitzbank; denn die schlechte Lehne war ihm unbequem, auch war er auf einem Stücklein dürren Zweiges gesessen. »Ist's nicht so?« rief er aus und entfernte mit der Linken das Holzstück und dessen Eindruck auf seiner Hose. »Das Wesen der Schönheit muß im Lichte liegen! Glaubst du nicht auch, daß es da liegt?«

Ludwig Ugel rieb sich die Augen; er hatte nicht gehört, wovon die Rede war, und nur die letzte Frage Lauschers verstanden.

»Freilich, freilich«, entgegnete er hastig. »Nur kann man es von hier aus nicht sehen. Es liegt genau dort, hinter der Schlotterbeckschen Scheuer!«

»Wie? Was?« rief Hermann heftig. »Was, sagst du, liege hinter der Scheuer?«

»Nun, Oetlingen! Karl hat keinen andern Weg, er muß notwendig von dorther kommen.«

Verdrießlich schweigend starrte nun auch der durchreisende Dichter auf die helle weite Landstraße hinüber, und wir können beide Jünglinge auf ihrer Bank sitzen und warten lassen; denn der Schatten muß dort noch bei einer Stunde anhalten. Wir wenden uns indessen hinter die Schlotterbecksche Scheuer, finden dort aber weder das Dorf Oetlingen noch das Wesen der Schönheit liegen, sondern eben den erwarteten dritten Freund, den Kandidaten der Jurisprudenz Karl Hamelt. Dieser kam von Wendlingen her, wo er die Ferien zubrachte. Seine nicht übel gewachsene Figur gewann durch ein verfrühtes Fettwerden einen komisch behäbigen Anflug, und in seinem gescheiten, eigensinnigen Gesicht lag die kräftige Nase mit den wunderlich feisten Lippen und den übervollen Wangen im Streit. Das breite Kinn warf über dem engen Stehkragen reichliche Falten, und zwischen Stirn und Hut ragte verschwitzt und ungescheitelt das kurze freche

Haupthaar hervor. Er lag rücklings hingestreckt im kurzen Grase und schien ruhig zu schlafen.

Er schlief wirklich, vom heißen mittäglichen Weg ermüdet; ruhig aber war sein Schlummer nicht. Ein seltsam phantastischer Traum hatte ihn heimgesucht. Ihm schien nämlich, er liege in einem unbekannten Gartenlande unter sonderbaren Bäumen und Gewächsen und lese in einem alten Buche mit Pergamentblättern. Das Buch war in wunderlich kühnen, wirr ineinander geschlungenen Lettern einer völlig fremden Sprache geschrieben, die Hamelt nicht kannte noch verstand. Dennoch aber las er und verstand er den Inhalt der Blätter, indem immer wieder, sooft er ermüden wollte, auf zauberische Weise aus dem krausen Durcheinander der Schnörkel und Schriftzeichen sich Bilder hervorlösten, farbig aufglänzten und wieder versanken. Diese Bilder, einander folgend wie in einer magischen Laterne, schilderten die nachfolgende, sehr alte, wahre Geschichte.

Mit demselben Tage, an welchem der Talisman des ehernen Ringes durch betrügerische Magie der Quelle Lask entrissen und in die Hände des

Zwergfürsten gefallen war, begann der helle Stern des Hauses Ask sich zu trüben. Die Quelle Lask versiegte bis auf einen schier unsichtbaren Silberfaden, unter dem Opalschlosse senkte sich die Erde, die unterirdischen Gewölbe wankten und brachen teilweise zusammen, im Liliengarten begann ein verheerendes Sterben, und nur die doppelkrönige Königslilie hielt sich noch eine Zeitlang stolz und aufrecht; denn um sie hatte die Schlange Edelzung ihren engsten Reif geschlungen. In der verödeten Askenstadt verstummte Fröhlichkeit und Musik, im Opalschlosse selbst klang und sang kein Ton mehr, seit die letzte Saite der Harfe Silberlied gebrochen war. Der König saß Tag und Nacht wie eine Bildsäule allein im großen Festsaal und konnte nicht aufhören, sich über den Untergang seines Glückes zu verwundern; denn er war der glücklichste aller Könige seit Frohmund dem Großen gewesen. Er war traurig anzusehen, der König Ohneleid, wie er im roten Mantel in seinem großen Saale saß und sich wunderte und wunderte; denn weinen konnte er nicht, da er ohne die Gabe des Schmerzes geboren war. Er wunderte sich auch, wenn er am Morgen und am Abend statt der täglichen

Früh- und Spätmusik nur die große Stille und von der Tür her das leise Weinen der Prinzessin Lilia vernahm. Nur selten noch erschütterte ein kurzes, karges Gelächter seine breite Brust, aus Gewohnheit; denn sonst hatte er an jedem lieben Tage zweimal vierundzwanzigmal gelacht. Hofstaat und Dienerschaft war in alle Winde zerstoben; außer dem König im Saale und der trauernden Prinzessin war einzig der getreue Geist Haderbart noch da, der sonst das Amt des Dichters, Philosophen und Hofnarren versehen hatte.

In die Macht des ehernen Talismans aber teilte sich der feige Zwergfürst mit der Hexe Zischelgift und man kann sich vorstellen, wie es unter ihrem Regimente zuging.

Das Ende der Askenherrlichkeit brach herein. Eines Tages, an dem der König kein einziges Mal gelacht hatte, rief er abends die Prinzessin Lilia und den Geist Haderbart zu sich in den leeren Festsaal. Ein Wetter stand am Himmel und leuchtete durch die schwarzen großen Fensterbogen mit jachem Blitzen fahl herein.

»Ich habe heute kein einziges Mal gelacht«, sagte der König Ohneleid.

Der Hofnarr trat vor ihn hin und schnitt einige sehr kühne Grimassen, die jedoch in dem alten bekümmerten Gesichte so verzerrt und verzweifelt aussahen, daß die Prinzessin die Augen wegwenden mußte und der König das schwere Haupt schüttelte, ohne zu lachen.

»Man soll auf der Harfe Silberlied spielen«, rief König Ohneleid. »Man soll!« sagte er, und es klang den beiden traurig durchs Herz; denn der König wußte nicht, daß Harfner und Spielleute ihn verlassen hatten und daß die zwei Getreuen seine letzten Hausgenossen waren.

»Die Harfe Silberlied hat keine Saiten mehr«, sagte der Geist Haderbart.

»Man soll aber dennoch spielen«, sagte der König.

Da nahm Haderbart die Prinzessin Lilia bei der Hand und ging mit ihr aus dem Saale. Er führte sie aber in den verwelkten Liliengarten zur versiegenden Quelle Lask und schöpfte die allerletzte Handvoll Wasser aus dem Marmorbecken in ihre Rechte, und sie kamen damit zum Könige zurück. Nun zog die Prinzessin Lilia aus diesem Wasser Lask sieben blanke Saiten über die Harfe Silberlied, und für die achte reichte das Wasser nicht mehr hin, so daß sie von ihren Tränen zu Hilfe nehmen mußte. Und nun strich sie mit der leeren Hand zitternd über die Saiten, daß der alte süße Freudenton noch einmal selig schwoll; aber jede Saite brach, nachdem sie angeklungen, und als die letzte klang und brach, da klang ein schwerer Donnerschlag und brach die ganze Wölbung des Opalschlosses stürzend und krachend zusammen. Dieses letzte Harfenlied aber hatte gelautet:

> Silberlied muß schweigen;
> Aber einst muß steigen
> Aus der Harfe Silberlied
> Dieser selbe Reigen.

(Ende der wahren Geschichte vom Wasser Lask.)

Der Kandidat Karl Hamelt erwachte von seinem Traume nicht eher, als bis die beiden Freunde, die ungeduldig ein Stück weit die Landstraße entgegengegangen waren, ihn im Grase liegend fanden. Diese fuhren ihn über seine Saumseligkeit mit unsanften Worten an, auf die jedoch Hamelt mit Schweigen antwortete und sich nur zu einem flüchtig genickten »Guten Morgen!« verstand.

Ugel war besonders ungehalten. »Ja, guten Morgen!« zürnte er. »Es ist lang nimmer Morgen! Antizipiert hast du wieder, in der Oetlinger Kneipe bist du gewesen, der Wein glänzt dir noch aus den Augen!« Karl grinste und rückte den braunen Filz weiter in die Stirne. »Nun laß gut sein!« sagte Lauscher. Die drei Freunde wandten sich gegen die Stadt, am Bahnhof vorüber und über die Bachbrücke, und wandelten langsam auf dem Wall dem Gasthaus »Zur Königskrone« entgegen. Dieses war nämlich nicht nur der bevorzugte Bierwinkel der Kirchheimer Freunde, sondern auch die derzeitige Herberge des durchreisenden Dichters.

Als die Ankommenden sich schon der Kronentreppe näherten, öffnete sich die schwere Haustüre plötzlich weit, und ihnen entgegen stürzte mit Blitzesschnelle ein weißhaariger, graubärtiger Mann, mit zornrotem Gesicht, in heftigster Erregung aus dem Hause. Die Freunde erkannten befremdet den alten Sonderling und Philosophen Drehdichum und vertraten ihm am Fuß der Treppe den Weg.

»Halt, werter Herr Drehdichum!« rief ihm der

Dichter Lauscher entgegen. »Wie kann ein Philosoph so das Gleichgewicht verlieren? Kehren Sie um, Verehrter, und klagen Sie uns Ihren Schmerz im Kühlen drinnen!«

Mit einem schiefen, spitzen Lauerblick des Mißtrauens hob der Philosoph seinen struppigen Kopf und erkannte die drei jungen Männer.

»Ah, da seid ihr«, rief er, »das ganze *petit cenacle*! Eilet ins Innere, Freunde, trinket Bier und erlebet Wunder daselbst; aber verlanget nicht die Teilnahme des gebrochenen Greises, in dessen Herz und Gehirn die Dämonen wühlen!«

»Aber, teurer Herr Drehdichum, was fehlt Ihnen denn heute schon wieder?« fragte teilnehmend Ludwig Ugel, taumelte aber sogleich entsetzt wider die Treppenbrüstung; denn der Philosoph hatte ihm einen Fauststoß in die Seite versetzt und rannte schäumend und fluchend in die Straße.

»Infame Zischelgift«, brüllte er im Wegeilen, »unglückseliger Talisman, in rotblauer Blume verzaubert! Mißhandelt die einzige, in Staub getreten ... Opfer satanischer Bosheit ... Erneute qualvolle Erinnerung ...«

Verwundert schüttelten die drei ihre Köpfe, ließen jedoch den Wütenden laufen und schickten sich endlich an, die Vortreppe zu ersteigen, als die Türe sich von neuem öffnete und mit einem ins Haus zurückgewinkten freundlichen Abschiedsgruß der Pfarrvikar Wilhelm Wingolf hervortrat. Er wurde von den Untenstehenden mit Heiterkeit begrüßt und sogleich von allen um die Ursache des seligen Glanzes befragt, der sein breites Würdehaupt vergoldete. Geheimnisvoll streckte er den fetten Zeigefinger auf, nahm den Dichter vertraulich beiseite und sagte ihm schalkisch lächelnd ins Ohr: »Denk dir, heute habe ich den ersten Vers in meinem Leben gemacht! Und zwar soeben!«

Der Dichter riß die Augen so weit auf, daß sie oben und unten über die schmalen Ränder seiner goldenen Brille ragten. »Sag ihn!« rief er laut. Der Pfarrvikar wendete sich gegen die drei Freunde, hob wieder den Zeigefinger und sagte mit selig verkniffenen Augen seinen Vers auf:

»Vollkommenheit,
Man sieht dich selten, aber heut!«

Ohne ein weiteres Wort zu verlieren, verließ er hutschwenkend die Kameraden.

»Donnerwetter!« sagte Ludwig Ugel. Der Dichter schwieg nachdenklich. Karl Hamelt aber, der seit seinem Erwachen im Grase noch kein Wort von sich gelassen hatte, sagte mit Nachdruck: »Der Vers ist gut!«

Auf irgend etwas Ungewöhnliches gefaßt, betraten nun endlich ohne weitere Hindernisse die durstig gewordenen Freunde den kühlen Wirtsraum der «Krone», und zwar die bessere Stube, wo die junge Wirtin selber zu bedienen pflegte und wo sie um diese Tageszeit stets die einzigen Gäste waren und mit der Frau ihre scherzhaften Höflichkeiten trieben.

Das erste Merkwürdige nun, was alle drei bald nach dem Eintreten und Niedersitzen bemerkten, war dieses: daß ihnen die kleine runde Wirtin heute zum erstenmal gar nicht mehr hübsch erschien. Das rührte aber, wie jeder im stillen bald wahrnahm, davon her, daß im Halbdunkel über die blanke Galerie der geräumigen Kredenz ein fremder schöner Mädchenkopf hervorragte.

II

Das zweite nicht minder Merkwürdige war aber, daß am nächsten kleinen Trinktische, ohne die Ankommenden irgend zu bemerken oder zu grüßen, der elegante Herr Erich Tänzer saß, ein intimes Mitglied der Brüderschaft des *cenacle* und Karl Hamelts besonderer Herzensfreund. Er hatte einen Becher helles Bier halb ausgetrunken vor sich stehen und in das Bierglas eine gelbe Rose gestellt; dazu rollte er langsam seine großen, ein wenig hervorstehenden Augen und sah zum erstenmal in seinem Leben albern aus. Zuweilen bog er seine stattliche Nase gegen die Rose hin und roch an ihr, wobei er einen nahezu unmöglichen Schielblick nach dem fremden Mädchenkopf hinüberlenkte, ohne daß hierdurch der Ausdruck seines Gesichtes wesentlich gewonnen hätte.

Und als dritte Absonderlichkeit saß neben Erich mit großer Ruhe der alte Drehdichum, hatte einen Pfiff Kulmbacher vor sich stehen und eine von des Kronenwirts Kubazigarren im Munde.

»Zum Teufel, Herr Drehdichum«, rief aufspringend Hermann Lauscher, »wie kommen Sie hierher? Sah ich Sie doch soeben um den obern Wall davonlaufen...«

»Und haben Sie mir doch eben noch in der größten zitternden Wut ihre Faust in den Magen gebohrt!« rief Ludwig Ugel.

»Nichts für ungut«, rief der Philosoph mit dem gewinnendsten Lächeln zurück, »nichts für ungut, lieber Herr Ugel! Ich empfehle Ihnen das Kulmbacher, meine Herren!« Damit leerte er ruhig sein Glas.

Indessen rief Karl Hamelt seinen Freund Erich an, der gegenüber noch immer entrückt und schlaff vor seiner ins Bierglas gesteckten gelben Rose saß.

»Erich, schläfst du?«

Erich antwortete ohne aufzusehen: »Ich schläfe nicht.«

»Man sagt nicht, ich schläfe, man sagt, ich schlafe«, rief Ugel.

Da aber bewegte sich der Mädchenkopf hinter der Schenkgalerie, und die ganze fremde schöne Person trat hervor und an den Tisch der Freunde.

»Was wünschen die Herren?«

Wem nicht schon, da er vor dem schönen

Gemälde einer Frau in seliger Begeisterung stand, plötzlich aus der Landschaft des Bildes heraus die Schöne lebendig entgegentrat, der weiß nicht, wie den Brüdern des *cenacle* in diesem Augenblick zumute war. Alle drei erhoben sich von ihren Stühlen und machten drei Verbeugungen, jeder eine. »Schöne, teure Dame!« sagte der Dichter. »Gnädiges Fräulein!« sagte Ludwig Ugel, und Karl Hamelt sagte gar nichts.

»Nun, trinken Sie Kulmbacher?« fragte die Schöne.

»Ja, bitte«, sagte Ludwig, und Karl nickte, Lauscher aber bat um einen Becher Rotwein. Als die Getränke nun von der leisen, schlanken Mädchenhand elegant serviert wurden, wiederholten sich die verlegenen und ehrerbietigen Komplimente. Da kam aus ihrer Ecke die kleine Frau Müller gelaufen.

»Machen Sie doch nicht solche Umstände, meine Herren«, sagte sie, »mit dem dummen Ding; sie ist meine Stiefschwester und zum Bedienen hergekommen, weil wir eine Hilfe nötig hatten... Geh ins Büfett, Lulu; es schickt sich nicht, so bei den Herren stehen zu bleiben.«

Lulu ging langsam weg. Der Philosoph kaute

wütend an seiner Kuba, Erich Tänzer wälzte einen fabelhaften Jongleurblick nach der Richtung, in der das Mädchen verschwunden war. Die drei Freunde schwiegen ärgerlich und verlegen. Die Wirtin trug, um sich gefällig zu zeigen und Unterhaltung zu machen, vom Fensterbrett einen Blumentopf herbei und zeigte ihn prahlend am Tische vor.

»Sehen Sie, was für ein Staat! Diese Blume ist vielleicht die allerseltenste, die man nur kennt, und man sagt, sie blühe bloß alle fünf oder zehn Jahre.«

Alle betrachteten aufmerksam die Blume, die zart rotblau auf einem kahlen langen Stengel schwankte und einen seltsam trüben, warmen Duft ausströmte. Der Philosoph Drehdichum geriet in eine große Erregung und warf einen schneidend grimmigen Blick auf die Wirtin und ihre Blume, was aber niemand beachtete.

Da plötzlich sprang Erich am andern Tische auf, kam herüber, riß die Blume mit einem gewaltsamen Ruck mitten ab und war mit ihr in zwei Sätzen im Büffet verschwunden. Drehdichum brach in ein leises Hohngelächter aus. Die Wirtin kreischte entsetzlich auf, rannte Tänzern nach, blieb mit dem Rock am Stuhle hängen, fiel zu Boden, der nacheilende Ugel über sie weg und über ihn der Dichter, der im Aufspringen Weinkelch und Blumentopf mit sich riß. Der Philosoph stürzte sich auf die hilflos liegende Wirtin, hielt ihr die Fäuste vors Gesicht, fletschte die Zähne und achtete es nicht, daß Ugel und Lauscher ihn wie toll an den reißenden Rockschößen zurückzuzerren strebten. In diesem Augenblick eilte der Wirt herein; der Philosoph, wie verwandelt, half der Frau auf die Beine, aus der Tür der angrenzenden Stube glotzten Bauern und Fuhrmänner in den Skandal. Im Büfett hörte man die schöne Lulu weinen, und Erich trat mit der ganz zerknitterten Blume in der Hand heraus. Alles stürzte sich scheltend, fragend, drohend, lachend auf ihn los; er aber hieb mit der zerbrochenen Blume wie ein Verzweifelter um sich und gewann ohne Hut das Freie.

III

Am nächsten Morgen hatten sich die Freunde Karl Hamelt, Erich Tänzer und Ludwig Ugel im

Herbergzimmer Hermann Lauschers versammelt, um seine neuesten Gedichte anzuhören. Eine große Flasche Wein stand auf dem Tisch, aus der sich jeder bediente. Der Dichter hatte mehrere anmutige Lieder vorgetragen und zog nun das letzte kleine Blättlein aus der Brusttasche. Er las: »An die Prinzessin Lilia...«
»Wie?« rief Karl Hamelt und fuhr vom Kanapee empor. Etwas indigniert wiederholte Lauscher den obigen Titel. Karl aber legte sich in tiefem Nachdenken in die geblümten Polster zurück. Der Dichter las:

»Ich weiß einen alten Reigen,
Ein helles Silberlied,
Das lautet fremd und eigen,
Wie wenn aus leisen Geigen
Ein Heimwehzauber lockend zieht ...«

Hamelt lenkte die Aufmerksamkeit der beiden andern ganz von der Fortsetzung des Liedes ab. »Prinzessin Lilia ... Silberlied ... Der alte Reigen ...«, wiederholte er immer wieder, schüttelte den Kopf, rieb sich die Stirn, stierte leer in die Luft und heftete sodann den Blick glühend und heftig auf den Dichter. Lauscher war mit dem Lesen zu Ende und begegnete aufschauend diesem Blicke.

»Was ist?« rief er verwundert. »Willst du den Blick der Klapperschlange an mir armem Vogel versuchen?«

Hamelt erwachte wie aus einem tiefen Traum. »Woher hast du dieses Lied?« fragte er tonlos den Dichter. Lauscher zuckte die Achseln. »Woher ich alle habe«, sagte er.

»Und die Prinzessin Lilia?« fragte Hamelt wieder. »Und der alte Reigen? Siehst du denn nicht, daß dieses Lied das einzige echte ist, das du gedichtet hast? Alle deine andern Gedichte...« Lauscher unterbrach ihn schnell.

»Schon gut; aber in der Tat«, fuhr er fort, »in der Tat, liebe Freunde, ist dieses Lied mir selber ein Rätsel. Ich saß und dachte nichts und glaubte nur, nach meiner Gewohnheit, aus Langeweile Figuren und Zierbuchstaben auf das Blatt zu kritzeln, und als ich aufhörte, stand das Lied auf dem Papier. Es ist eine ganz andere Hand, als ich sonst schreibe, sehet nur!«

Damit gab er das Blatt dem zunächst sitzenden Erich in die Hände. Der hielt es vors Auge, erstaunte höchlich, sah noch einmal schärfer hin und sank alsdann mit dem lauten Ausruf: »Lulu!« in den Stuhl zurück. Ugel und Hamelt stürzten hinzu und schauten auf das Papier. »Alle Wetter!« rief Ugel aus; Hamelt aber hatte sich ins Kanapee zurückgelehnt und betrachtete das merkwürdige Blatt mit allen Zeichen des maßlosesten Erstaunens. Höchste Freude und unheimliche Befremdung wechselten auf seinem Gesicht.

»Nun sag mir, Lauscher«, rief er endlich aus, »ist dies unsere Lulu, oder ist es die Prinzessin Lilia?«

»Unsinn!« rief ärgerlich der Dichter. »Gib mir's her!«

Aber während er das Papier an sich nahm und noch einmal überblickte, machte plötzlich ein fremdes, kühles Schaudern seinen Herzschlag stocken. Die unregelmäßigen flüchtigen Schriftzeichen flossen in unbeschreiblicher Weise zu dem Umriß eines Kopfes zusammen, und beim längeren Betrachten entwickelten sich aus dem Umrisse feine Züge eines Mädchenangesichts, die niemand anders als die schöne fremde Lulu darstellten.

Erich saß wie versteinert im Sessel, Karl lag murmelnd auf dem Kanapee neben dem kopfschüttelnden Ludwig Ugel. Der Dichter stand bleich und verloren mitten im Zimmer. Da klopfte ihm eine Hand auf die Schulter, und als er aufschreckend sich umwendete, stand der Philosoph Drehdichum da und grüßte mit dem schäbigen steifen Hute.

»Drehdichum!« rief der Dichter erstaunt. »Zum Hagel, sind Sie durch den Plafond herabgefallen?«

»Wieso?« entgegnete lächelnd der Alte. »Wieso, lieber Herr Lauscher? Ich hatte zweimal angeklopft. Aber lassen Sie sehen, sie haben ja hier ein prachtvolles Manuskript!« Er nahm das Lied oder vielmehr das Bild sorgfältig aus Lauschers Händen. »Sie erlauben doch, daß ich das Blatt betrachte? Seit wann sammeln Sie solche Raritäten?«

»Raritäten? Sammeln? Werden Sie denn aus dem Wische klug, Herr Drehdichum?« Der Alte betrachtete und betastete das Papier mit großem Behagen.

»Ei freilich«, erwiderte er schmunzelnd, »ein schönes Stück eines wenn schon verdorbenen und späten Textes! Es ist askisch.«

»Askisch?« rief Karl Hamelt.

»Nun ja, Herr Kandidat«, sagte freundlich der Philosoph. »Aber gestehen Sie doch, bester Herr Lauscher, wo Sie den seltenen Fund gemacht haben! Es möchte weitere Nachforschungen lohnen.«

»Sie fabeln, Herr Drehdichum«, lachte beklommen der Dichter. »Dieses Blatt ist nagelneu, ich selbst habe es gestern nacht geschrieben.«

Der Philosoph maß Lauschern mit einem argwöhnischen Blick.

»Ich muß gestehen«, antwortete er, »ich muß wirklich gestehen, mein lieber junger Herr, daß diese Späße mich einigermaßen befremden.«

Lauscher wurde nun aber ernstlich ungehalten.

»Herr Drehdichum«, rief er heftig, »ich muß Sie bitten, mich nicht mit einem Hanswurst zu verwechseln und sich, falls Sie selbst, wie es scheint, diese heitere Rolle agieren wollen, gefälligst einen andern Schauplatz als meine Wohnung zu suchen.«

»Nun, nun«, lächelte gutmütig Drehdichum, »vielleicht denken Sie der Sache noch einmal nach! Indessen leben Sie allerseits wohl, meine Herren!« Damit rückte er den grünlich schillernden Hut auf dem weißen Kopfe zurecht und verließ lautlos das Zimmer.

Unten fand Drehdichum die schöne Lulu allein im leeren Wirtszimmer stehen und Weingläser mit einem Tuch ausreiben. Er schenkte sich seinen Becher selber am Fasse voll und setzte sich dem Mädchen gegenüber an den Tisch. Ohne etwas zu reden, blickte er zuweilen freundlich aus seinen alten hellen Augen der Schönen ins Gesicht, und sie, da sie sein Wohlwollen spürte, fuhr unbefangen in ihrer Arbeit fort. Der Philosoph ergriff ein leeres geschliffenes Glas, füllte ein wenig Wasser hinein und begann den Rand, den er befeuchtet hatte, mit der Spitze des Zeigefingers zu reiben. Bald kam ein Summen hervor, und dann ein klarer Ton, der ohne Unterbruch bald schwellend, bald schwindend die Stube erfüllte. Die schöne Lulu hörte das feine Singen gern, sie ließ die Hände ruhen und lauschte und ward von dem ewigen süßen Kristalltone ganz bezaubert, indes der Alte manchmal vom Glase weg ihr freundschaftlich und eindringend in die Augen blickte. Das ganze Zimmer klang von dem

Singen des Glases. Lulu stand ruhig damitten und dachte nichts und hatte die Augen groß wie ein horchendes Kind.

»Lebt noch der alte König Ohneleid?« vernahm sie eine Stimme fragen und wußte nicht, war es der Alte, der fragte, oder kam die Stimme aus dem Ton des Glases. Auf die Frage aber mußte sie durch ein Nicken antworten, sie wußte nicht warum.

»Und weißt du noch das Lied der Harfe Silberlied?«

Sie mußte nicken und wußte nicht warum. Leiser tönte der Kristallklang. Die Stimme fragte:

»Wo sind die Saiten der Harfe Silberlied?«

Der Ton klang immer leiser und schwang in kleinen zarten Wellen aus. Da mußte die schöne Lulu weinen, sie wußte nicht warum.

Es war ganz still im Zimmer geworden, und so blieb es eine gute Weile.

»Warum weinen Sie, Lulu?« fragte Drehdichum.

»Ach, hab' ich geweint?« antwortete sie schüchtern. »Mir wollte ein Lied aus meiner Kinderzeit einfallen; aber ich kann mich nur halb darauf besinnen.«

Hastig ward die Tür aufgerissen, und die Frau Müller kam hereingerannt. »Was, noch immer an den paar Gläsern?« rief sie keifend. Lulu weinte wieder, die Wirtin rumorte und schimpfte; beide bemerkten es nicht, wie der Philosoph aus seiner kurzen Pfeife einen großen Rauchringel blies, sich darein setzte und leise auf einem sanften Zugwind durch das offene Fenster fuhr.

IV

Die Mitglieder des *petit cenacle* waren im nahen Walde versammelt. Auch der Regierungsreferendar Oskar Ripplein war mitgekommen. Die schwärmerischen Gespräche der Jugend und Freundschaft entspannen sich zwischen den im Grase liegenden Kameraden, durch Gelächter ebenso oft wie durch Pausen des Nachdenkens unterbrochen. Besonders war von des Dichters Meinungen und Absichten die Rede, denn dieser wollte nächster Tage eine weite Reise antreten, und man wußte nicht, wann und wie man sich wiedersehen würde.

»Ich will ins Ausland,« sagte Hermann Lau-

scher, »ich muß mich absondern und wieder frische Luft um mich her bekommen. Vielleicht werde ich gerne einmal zurückkehren; für jetzt aber bin ich dieses engen, burschenhaften Lebens und der ganzen leidigen Studenterei von Herzen satt. Mir ist, als röche mir alles nach Tabak und Bier; außerdem hab' ich in diesen letzten Jahren schon mehr Wissenschaft aufgesogen, als für einen Künstler gut ist.«

»Wie meinst du das?« fiel Oskar ein. »Ich denke, bildungslose Künstler, speziell Dichter, hätten wir genug.«

»Vielleicht!« antwortete Lauscher. »Aber Bildung und Wissenschaft ist zweierlei. Das Gefährliche, was ich im Sinne hatte, ist die verdammte Bewußtheit, in die man sich allmählich hineinstudiert. Alles muß durch den Kopf gehen, alles will man begreifen und messen können. Man probiert, man mißt sich selber, sucht nach den Grenzen seiner Begabung, experimentiert mit sich, und schließlich sieht man zu spät, daß man den bessern Teil seiner selbst und seiner Kunst in den verspotteten unbewußten Regungen der früheren Jugend zurückgelassen hat. Nun streckt man die Arme nach den versunkenen Inseln der Unschuld aus; aber man tut auch das nicht mehr mit der ganzen unüberlegten Bewegung eines starken Schmerzes, sondern es ist schon wieder ein Stück Bewußtheit, Pose, Absichtlichkeit darin.«

»An was denkst du dabei?« fragte hier lächelnd Karl Hamelt. »Du weißt es schon!« rief Hermann. »Ja, ich gestehe, mein kürzlich gedrucktes Buch beängstigt mich. Ich muß wieder aus dem vollen schöpfen lernen, an die Quellen zurückgehen. Mich verlangt nicht so sehr etwas Neues zu dichten, als ein tüchtiges Stück frisch und ungebrochen zu leben. Ich möchte wieder wie in meiner Knabenzeit an Bächen liegen, über Berge steigen oder wie sonst die Geige spielen, den Mädchen nachlaufen, ins Blaue hineinleben und warten, bis die Verse zu mir kommen, statt ihnen atemlos und ängstlich nachjagen.«

»Sie haben recht«, klang plötzlich die Stimme Drehdichums, der aus dem Walde hervortrat und mitten zwischen den ins Gras gelagerten Jünglingen stehenblieb.

»Drehdichum!« riefen alle fröhlich aus. »Guten Tag, Herr Philosoph! Guten Morgen, Herr Überall!«

Der Alte setzte sich nieder, sog seine Zigarre

kräftig an und wendete sein wohlmeinendes, freundliches Gesicht dem Dichter Lauscher zu.

»Es ist«, begann er lächelnd, »noch ein Stück Jugend in mir, das sich gerne wieder einmal unter seinesgleichen ausplaudert. Wenn Sie erlauben, nehme ich an Ihrer Unterhaltung teil.«

»Gerne«, sagte Karl Hamelt. »Unser Freund Lauscher sprach eben davon, wie ein Dichter aus dem Unbewußten schöpfen müsse und wie wenig ihm mit aller Wissenschaft gedient sei.«

»Nicht übel!« entgegnete langsam der Alte. »Ich habe immer zu den Dichtern eine besondere Neigung gehabt und manchen gekannt, dem meine Freundschaft nicht ohne Nutzen blieb. Die Dichter neigen auch heute noch mehr als andere Menschen zu dem Glauben, daß im Schoß des Lebens gewisse ewige Mächte und Schönheiten halbschlummernd liegen, deren Ahnung durch die rätselhafte Gegenwart zuweilen hindurchschimmert wie ein Wetterleuchten durch die Nacht. Dann ist ihnen, als seien das ganze gewöhnliche Leben und sie selber nur Bilder auf einem gemalten hübschen Vorhang und erst hinter diesem Vorhang spiele das eigentliche, das wahre Leben sich ab. Auch scheinen mir die höchsten, ewigsten Worte der großen Dichter wie das Lallen eines Träumenden zu sein, der, ohne es zu wissen, von den flüchtig erblickten Höhen einer jenseitigen Welt mit schweren Lippen murmelt.«

»Sehr schön«, rief hier Oskar Ripplein, »sehr hübsch gesagt, Herr Drehdichum, aber weder alt noch neu genug. Diese schwärmerische Lehre ist vor hundert Jahren von den sogenannten Romantikern gepredigt worden: man träumte damals auch solche Vorgänge und solches Wetterleuchten. Man hört in den Schulen noch davon reden als von einer glücklich überwundenen Dichterkrankheit, und heute träumt längst kein Mensch mehr so, oder wenn er träumt, so weiß er doch, daß das Gehirn...«

»*Satis!*« rief da der Kandidat Hamelt. »Vor hundert und mehr Jahren sind auch schon solche ... solche Gehirnmenschen dagewesen und haben langweilige Reden gehalten. Und heute nehmen sich jene Träumer und Phantasten immer noch stattlicher und liebenswürdiger aus als diese allzuverständigen Schlaumeier. Übrigens was das Träumen betrifft, auch mir hat es dieser Tage merkwürdig geträumt.«

»Erzählen Sie doch!« bat der Alte.

»Ein andermal!«

»Sie wollen nicht? Aber vielleicht können wir's erraten«, meinte Drehdichum. Karl Hamelt lachte laut auf.

»Nun, wir versuchen's!« beharrte Drehdichum. »Jeder stellt eine Frage, auf welche Sie ehrlich mit Ja oder Nein antworten. Erraten wir's nicht, so war's doch ein lustiger Zeitvertreib!«

Alle erklärten sich einverstanden und begannen nun kreuz und quer zu fragen. Die besten Fragen stellte aber immer der Philosoph. Als wieder die Reihe an ihn kam, fragte er nach einigem Besinnen: »Kam in dem Traume Wasser vor?«

»Ja.«

Nun durfte, weil die Frage bejaht war, der Alte noch eine stellen.

»Quellwasser?«

»Ja.«

»Wasser aus einer Wunderquelle?«

»Ja.«

»Wurde das Wasser ausgeschöpft?«

»Ja.«

»Von einem Mädchen?«

»Ja.«

»Nein!« rief Drehdichum. »Besinnen Sie sich!«
»Ja doch!«
»Also von einem Mädchen wurde das Wasser geschöpft?«
»Ja.«
Drehdichum schüttelte heftig den Kopf. »Unmöglich!« sagte er wieder. »Hat wirklich das Mädchen selber aus der Quelle geschöpft?«
»Ach nein!« rief Karl verwirrt. »Es war der Geist Haderbart, der zuerst schöpfte.«
»Ah, nun haben wir's!« frohlockten die andern. Und nun mußte Karl die ganze Geschichte seines Traumes von der Quelle Lask erzählen.
Alle hörten verwundert und seltsam ergriffen zu.
»Prinzessin Lilia!« rief Lauscher aus. »Und Silberlied? Woher sind mir doch die Namen so bekannt?«
»Ei«, sagte der Alte, »die Namen stehen beide in der askischen Handschrift, die Sie mir gestern zeigten.«
»In meinem Liede!« seufzte der Dichter.
»In dem Bilde der schönen Lulu«, flüsterten Karl und Erich.
Der Philosoph hatte inzwischen eine neue

Zigarre angesteckt und qualmte mächtig ins Grüne hinein, bis er ganz in eine blaue Wolke von Tabaksrauch eingehüllt war.

»Sie rauchen ja wie ein Schornstein«, sagte Oskar Ripplein und wich der Wolke aus. »Und was für ein Kraut!«

»Echte Mexikaner!« rief aus seiner Wolke heraus der Alte. Dann hörte er auf zu qualmen, und als nun ein Windzug die ganze stark riechende Wolke von hinnen führte, war er mit ihr verschwunden.

Karl und Hermann rannten hinter der zerstiebenden Rauchwolke her in den Wald hinein. »Dummes Zeug!« brummte der Referendar und hatte das unangenehme Gefühl, in zweideutiger Gesellschaft gewesen zu sein. Erich und Ludwig hatten sich schon fortgemacht und wandelten im Golde des klaren Spätnachmittags der Stadt und dem Gasthaus »Zur Krone« entgegen.

Karl und Hermann ereilten die letzten zerflatternden Schleier der Tabakswolke im tiefen Walde und standen ratlos vor einer dicken Buche still. Sie wollten sich eben ins Moos niedersetzen, um wieder zu Atem zu kommen, als hinter dem Baume die Stimme Drehdichums laut wurde.

»Nicht dort, ihr Herren, dort ist es ja feucht! Kommen Sie doch auf diese Seite!«

Sie kamen und fanden den Alten auf einem großen verdorrten Aste sitzen, der wie ein unförmlicher Drache am Boden lag.

»Gut, daß Sie kommen!« sagte er. »Nehmen Sie doch bitte hier neben mir Platz! Ihr Traum, Herr Hamelt, und Ihr Manuskript, Herr Lauscher, interessieren mich.«

»Zuerst«, fiel ihm Hamelt ungestüm ins Wort, »zuerst sagen Sie mir doch um des Himmels willen, wie Sie meinen Traum erraten konnten.«

»Und mein Papier lesen!« fügte Lauscher hinzu.

»Ei nun«, sagte der Alte, »was ist da zu wundern? Man kann alles erraten, wenn man vorsichtig fragt. Zudem liegt mir die Geschichte der Prinzessin Lilia so nahe, daß ich leicht darauf fallen mußte.«

»Eben das ist es ja!« rief wieder der Kandidat. »Woher wissen Sie denn diese Geschichte, und wie erklären Sie es, daß mein Traum, von dem ich noch niemandem ein Wort gesagt hatte, plötzlich in dem rätselhaften Liede unseres Lauscher so auffallend anklingt?«

Der Philosoph lächelte und sagte mit einer milden Stimme: »Wenn man sich mit der Geschichte der Seele und ihrer Erlösung viel beschäftigt hat, kennt man ähnliche Fälle ohne Zahl. Es gibt von der Geschichte der Prinzessin Lilia mehrere, stark variierende Fassungen; sie spukt vielfach entstellt und verändert durch alle Zeiten und liebt namentlich die bequeme Erscheinungsform der Vision. Nur selten zeigt sich die Prinzessin selbst, deren Vollendungsprozeß übrigens in den letzten Stadien der Läuterung stehen muß –, nur selten, sage ich, erscheint sie sichtbar in menschlicher Gestalt und wartet unbewußt auf den Augenblick ihrer Erlösung. Ich selbst sah sie kürzlich und versuchte mit ihr zu reden. Sie war aber wie im Traum, und als ich es wagte, sie nach den Saiten der Harfe Silberlied zu fragen, brach sie in Tränen aus.«

Die jungen Leute hörten dem Philosophen mit aufgerissenen Augen zu. Ahnungen und Anklänge stiegen in ihnen auf; aber die wunderlich krausen Redensarten und halb ironischen Grimassen Drehdichums verwirrten ihnen die Fäden unlöslich zu peinlichen Knäueln.

»Sie, Herr Lauscher«, fuhr jener fort, »sind

Ästhetiker und müssen wissen, wie lockend und gefährlich es ist, die schmale, aber tiefe Kluft zwischen Güte und Schönheit zu überbrücken. Wir zweifeln ja nicht, daß diese Kluft keine absolute Trennung, sondern nur die Spaltung eines einheitlichen Wesens bedeutet und daß beide, Güte sowie Schönheit, nicht Prinzipien, sondern Töchter des Prinzips Wahrheit sind. Daß die beiden scheinbar einander fremden, ja feindseligen Gipfel tief im Schoß der Erde eins und gemeinsam sind. Aber was hilft uns die Erkenntnis, wenn wir auf einem der Gipfel stehen und den klaffenden Spalt stündlich vor Augen haben? Das Überbrücken dieses Abgrundes aber und die Erlösung der Prinzessin Lilia bedeutet ein und dasselbe. Sie ist die blaue Blume, deren Anblick der Seele die Schwere und deren Duft dem Geist die spröde Härte nimmt; sie ist das Kind, das Königreiche verteilt, die Blüte der vereinten Sehnsucht aller großen Seelen. Am Tag ihrer Reife und Erlösung wird die Harfe Silberlied erklingen und die Quelle Lask durch den neuerblühten Liliengarten rauschen, und wer es sieht und vernimmt, dem wird sein, als wäre er sein Leben lang im Alpdruck gelegen und hörte nun zum ersten Male das frische Brausen des hellen Morgens.. Aber noch schmachtet die Prinzessin im Bann der Hexe Zischelgift, noch hallt der Donner jener unheilvollen Stunde im verschütteten Opalschlosse wider, noch liegt dort in bleiernen Traumfesseln mein König im zertrümmerten Saal!«

V

Als die beiden Freunde eine Stunde später aus dem Walde hervorkamen, sahen sie Ludwig Ugel, Erich Tänzer und den Regierungsreferendar mit einer hellgekleideten Dame vom »Dreikönigskeller« her den Berg hinaufspazieren. Bald erkannten sie mit Freuden die schlanke Lulu und eilten den Ankommenden aufs schnellste entgegen. Sie war heiter und plauderte mit ihrer weichen Liebesstimme harmlos in das Gespräch hinein. Alle setzten sich in halber Höhe des Berges auf eine geräumige Ruhebank. Die helle Stadt lag blank und fröhlich im Tale, und ringsum glänzte der goldene Duft des Abends auf den hohen Wiesen. Die träumerische Fülle des August war

herrlich ausgebreitet, aus dem Laub der Bäume quoll schon das grüne Obst, Erntewagen fuhren auf der Talstraße bekränzt und leuchtend gegen die Dörfer und Gehöfte.

»Ich weiß nicht«, sagte Ludwig Ugel, »was diese Abende im August so schön macht. Man wird nicht fröhlich davon, man legt sich ins hohe Gras und nimmt teil an der Milde und Zärtlichkeit der goldenen Stunde.«

»Ja«, sagte der Dichter und blickte der schönen Lulu in die dunkeln reinen Augen. »Es ist die Neige der Jahreszeit, die so mild und traurig macht. Die ganze reife Süßigkeit des Sommers quillt in diesen Tagen weich und müde über, und man weiß, daß morgen oder übermorgen irgendwo schon rote Blätter auf den Wegen liegen werden. Es sind die Stunden, da man schweigend das Rad der Zeit sich langsam drehen sieht, und man fühlt sich selber langsam und traurig mitgetrieben, irgendwohin, wo schon die roten Blätter auf dem Wege liegen.«

Alle schwiegen und lauschten in den goldenen Späthimmel und in die farbige Landschaft hinein. Leise begann die schöne Lulu eine Melodie zu summen, und allmählich ging das halbe Flüstern in ein zartes Singen über. Die Jünglinge lauschten und schwiegen wie berauscht; die weichen süßen Töne der edeln Stimme schienen aus der Tiefe des seligen Abends heraufzukommen wie Träume aus der Brust der einschlummernden Erde.

> »Aller Friede senkt sich nieder
> Aus des Himmels klaren Weiten,
> Alles Freuen, alles Leiden
> Stirbt den süßen Tod der Lieder.«

Mit diesem Verse war ihr Abendlied zu Ende. Sogleich begann Ludwig Ugel, der sich zu Füßen der andern ins Gras gelegt hatte, zu singen:

»O Brünnlein unterm Laube, du feiner Silberquell,
Fließe verstohlen hinunter zur weißen Waldkapell!
Dort liegt auf harten Stufen im Moos Marienfrau,
Du sollst sie stille rufen, mit Murmeln und nicht rauh,
Und sollst ihr leise künden von meiner tiefen Not:
Mein Mund sei, ach, von Sünden und lauter Liedern rot.
Und sollst ihr von mir geben eine Lilie, weiß und rein:
Sie möge mein rotes Leben und meine Sünden verzeihn!
Vielleicht, daß ihre Güte sich lächelnd zu dir neigt,
Der holden weißen Blüte ein süßer Duft entsteigt:
Weil Lieb- und Sonnetrinken des Sängers Sünde ist,
So sei der rote Liedermund in Hulden rein geküßt!«

Darauf sang auch Hermann Lauscher eines von seinen Liedern:

»Der müde Sommer senkt das Haupt
Und schaut sein falbes Bild im See;
Ich wandle müde und bestaubt
Im Schatten der Allee.

Ich wandle müde und bestaubt,
Und hinter mir bleibt zögernd stehn
Die Jugend, neigt das schöne Haupt
Und will nicht fürder mit mir gehn.«

Mittlerweile war die Sonne untergegangen, der Himmel floß in rotem Lichte. Der vorsichtige Referendar Ripplein wollte eben schon zur Heimkehr mahnen, da begann die schöne Lulu noch einmal zu singen:

»Mein Vater hat viel Schlösser
Und Städte weit und breit,
Mein Vater ist der König,
Der König Ohneleid.

Und käm' ein schöner Ritter
Und wollte mich befrein,
Dem würde wohl mein Vater
Sein halbes Reich verleihn.«

Man erhob sich nun und stieg langsam den verglühenden Berg hinab. Jenseits auf dem Gipfel der hohen Teck prangte verloren noch ein später Streifen Sonne.

»Woher haben Sie dieses Lied?« fragte Karl Hamelt die schöne Lulu.

»Ich weiß nicht mehr,« sagte sie, »ich glaube, es ist ein Volkslied.« Sie ging jetzt schneller und wurde plötzlich von Angst ergriffen, sie möchte zu spät heimkommen und von der Wirtin gescholten werden.

»Das leiden wir nicht«, rief Erich Tänzer heftig aus. »Überhaupt habe ich im Sinn, der Frau Müller einmal meine Meinung deutlich zu sagen. Ich werde sie schon...«

»Nein, nein!« unterbrach ihn die schöne Lulu. »Es würde dann für mich nur schlimmer werden! Ich bin eine arme Waise und muß tragen, was mir auferlegt wird.«

»Ach Fräulein Lulu«, sagte der Referendar, »ich wollte, Sie wären eine Prinzessin und ich könnte Sie befreien.«

»Nein«, rief der Schöngeist Lauscher, »Sie sind wirklich eine Prinzessin, und nur wir sind nicht Ritter genug, Sie zu erlösen. Aber was hindert mich? Ich tue es heute noch. Ich nehme die verdammte Müllerin beim Kragen...«

»Still, still!« rief Lulu flehentlich. »Lassen Sie mich doch mein Schicksal allein ertragen! Nur heute tut mir's um den schönen Abend leid.«

Man sprach nun wenig mehr und näherte sich rasch der Stadt, wo sich Lulu von den anderen trennte, um allein in die »Krone« zurückzukehren. Die Fünfe sahen ihr nach, bis sie in die erste dunkle Straße hinein verschwand.

> »Mein Vater ist der König,
> Der König Ohneleid...«

summte Karl Hamelt vor sich hin und machte sich auf den Heimweg nach dem Dorfe Wendlingen.

VI

Spät am Abend desselben Tages dauerte Erich Tänzer noch in der »Krone« aus, bis auch Lauscher mit der Nachtkerze in sein Gastzimmer abging und er allein in der stillen Schenkstube war. Lulu saß noch mit am Tische; da stieß Erich plötzlich sein Bierglas heftig zur Seite, ergriff die

Hand des schönen Mädchens, sah sie an, räusperte sich und tat folgende Rede: »Fräulein Lulu, ich muß Ihnen eine Rede halten. Ich muß Sie anklagen. Der künftige Staatsanwalt regt sich in mir. Sie sind unerlaubt schön, Sie sind schöner, als man sein darf, und machen damit sich und andere unglücklich. Versuchen Sie nicht sich zu verteidigen! Wo ist mein schöner Appetit? Und mein herrlicher Durst? Wo ist der Vorrat sämtlicher Paragraphen des Bürgerlichen Gesetzbuches, den ich mir mit Hilfe von Meisels Repertorium so mühselig in den Kopf getrichtert hatte? Und die Pandekten? Und das Strafrecht und der Zivilprozeß? Ja, wo sind sie? In meinem Kopf steht nur noch ein einziger Paragraph, der heißt Lulu! Und die Fußnote heißt: O du Schönste, o du Allerschönste!«

Erichs Augen standen weit hervor, ingrimmig knetete seine Linke den neuen modischen Seidenhut zuschanden, seine Rechte umklammerte Lulus kühle Hand. Diese spähte ängstlich nach einer Gelegenheit zu entrinnen. Im Büfett schnarchte Herr Müller, sie mochte nicht rufen.

Da ward unversehens die Türe ein wenig geöffnet, eine Hand und ein Stück Flanellhemdärmels drang durch den Spalt, etwas Weißes entglitt der Hand und flatterte zu Boden; dahinter schloß sich eilends wieder die Türe. Lulu hatte sich losgemacht, sie sprang hinzu und hob ein beschriebenes Blatt Briefpapier vom Boden auf. Erich schwieg verdrossen. Sie aber lachte plötzlich und las ihm das Blatt vor. Darauf stand:

> Herrin, wirst du lachen müssen?
> Sieh, ein heißes Dichterhaupt
> Das du stolz und kühl geglaubt,
> Liegt beschämt nun dir zu Füßen,
> Und ein Herz, dem alle höchste Lust
> Wie das tiefste Leiden ward bewußt,
> Zittert scheu in deiner kleinen Hand!
> Rote Rosen, die ich Wandrer fand,
> Rote Lieder, die ich Sänger sang,
> Sehnen sich und welken bang,
> Liegen arm zu deinen Füßen---
> Wirst du lachen müssen?

»Lauscher«, rief Erich entrüstet, »das Aas! Sie werden doch nicht glauben, es sei dem Luftibus Ernst mit seinen verdammten Versen? Verse! So was schreibt er alle drei Wochen einer andren!«

Lulu gab dem Erregten keine Antwort, sondern lauschte nach dem offenstehenden Fenster hinüber. Von dorther kamen wirre Gitarrengriffe geklungen, und eine Baßstimme sang dazu:

> »Ich stehe hier und harre
> Und spiele die Gitarre...
> O zögere nicht länger
> Und liebe deinen Sänger!«

Ein Windstoß warf das Fenster klirrend zu. In diesem Augenblick erwachte der Wirt im Büfett und kam verdrießlich aus der Schanktüre hervor. Erich warf Geld auf den Tisch, ließ sein Bier stehen, verließ ohne Gruß die Stube und rannte mit einem Satze die Vortreppe hinunter dem Gitarrespieler in den Rücken, der niemand anders als der Referendar Ripplein war, welcher nun mit Erich zankend und grimmig auf dem Wall unter den Kastanien davonging.

Die schöne Lulu löschte die Gasflammen in Wirtsstube und Flur aus und stieg in ihre Kammer hinauf. Sie hörte beim Vorbeigehen in Hermann Lauschers Zimmer aufgeregte Schritte und öftere lange Seufzer tönen. Kopfschüttelnd erreichte sie ihr Schlafgemach und legte sich zur Ruhe. Da sie nicht sogleich einschlafen konnte, überdachte sie noch einmal den Abend; aber sie lachte jetzt nicht mehr, vielmehr war sie traurig, und alles kam ihr wie ein mißratenes Possenspiel vor. Sie wunderte sich in ihrem reinen Herzen darüber, wie alle diese Menschen so töricht und enge bloß an sich selber dachten und auch an ihr im Grunde doch nur das hübsche Gesicht ehrten und liebten. Diese jungen Männer schienen ihr wie irregeleitete arme Nachtflügler um kleine Lichtlein zu taumeln, während sie große Reden im Munde führten. Es erschien ihr traurig und lächerlich, wie sie immerfort von Schönheit, Jugend und Rosen redeten, farbige Theaterwände von Worten um sich her aufbauten, indes die ganze herbe Wahrheit des Lebens fremd an ihnen vorüberlief. In ihrer kleinen einfachen Mädchenseele stand diese Wahrheit schlicht und tief geschrieben, und daß die Kunst des Lebens im Leidenlernen und Lächelnlernen bestehe.

Der Dichter Lauscher lag in seinem Bette im Halbschlummer. Die Nacht war schwül. Rasche, unvollendete, fiebernde Gedanken stiegen in seiner heißen Stirn empor und verloren sich in flüchtig verblassenden Träumen, ohne daß darüber die schwere Schwüle der Augustnacht und das zähe, peinigende Singen einiger Schnaken seinem Bewußtsein entschwunden wäre. Die Schnaken folterten ihn am meisten; bald schienen sie zu singen:

> Vollkommenheit,
> Man sieht dich selten, aber heut...

bald war es das Lied der Traumharfe. Dann kam ihm plötzlich wieder in den Sinn, daß nun die schöne Lulu seine Verse in Händen habe und von seiner Liebe wisse. Daß Oskar Ripplein das Gitarreständchen gebracht und daß wahrscheinlich auch Erich heute abend dem schönen Mädchen Geständnisse gemacht habe, war ihm nicht verborgen geblieben. Das Rätselhafte im Wesen der Geliebten, ihre ahnungsvoll unbewußte Verknüpfung mit dem Philosophen Drehdichum, mit der askischen Sage und Hamelts Traum, ihre fremdartig seelenvolle Schönheit und ihr alltäglich-graues Schicksal beschäftigten des Dichters Gedanken. Daß die ganze eng befreundete Runde des *cenacle* plötzlich wie um den Magnetberg um das fremde Mädchen kreise und daß er selbst, statt Abschied zu nehmen und zu reisen, sich mit jeder Stunde enger vom Netz dieses Liebesmärchens umstricken ließ, das alles kam ihm nun vor, als wäre er und wären die andern lauter Traumgestalten eines phantasierenden Humoristen oder Figuren einer grotesken Sage. In seinem schmerzenden Haupte stieg die Vorstellung auf, dieses ganze Durcheinander und er selbst und Lulu wären ohnmächtige, willenlose Fragmente aus einem Manuskripte des alten Philosophen, hypothetische, versuchsweise kombinierte Teile einer unvollendeten ästhetischen Spekulation. Dennoch sträubte sich alles in ihm gegen ein solches unglückliches *cogito ergo sum*, er raffte sich zusammen, stand auf und trat ans offene Fenster. Nun bei klarerem Nachdenken erkannte er bald die hoffnungslose Albernheit seiner lyrischen Liebeserklärung; er fühlte wohl, daß die schöne Lulu ihn nicht liebe und im Grunde lächerlich fände. Traurig legte er sich ins Fenster, Sterne traten zwischen den leichten Wolken hervor, ein Wind lief über die dunkeln Kronen der Kastanien. Der Dichter beschloß, daß morgen sein letzter Tag in Kirchheim sein sollte. Zugleich traurig und erlösend drang das Gefühl der Entsagung durch seinen müden, vom Traum der letzten Tage schwül umfangenen Sinn.

VII

Als Lauscher andern Tages früh in die Wirtsstube hinabkam, war Lulu schon mit den Tassen beschäftigt. Beide setzten sich zum dampfenden Kaffee. Lulu erschien dem Gaste merkwürdig verändert. Eine fast königliche Klarheit leuchtete auf ihrem reinen, süßen Gesicht, und eine besondere Güte und Klugheit blickte aus ihren schönen, vertieften Augen.

»Lulu, Sie sind über Nacht schöner geworden«, sagte Lauscher bewundernd. »Ich wußte nicht, daß dies möglich wäre.«

Sie lächelte nickend: »Ja, ich habe einen Traum gehabt, einen Traum...«

Der Dichter fragte mit einem erstaunten Blick über den Tisch hinüber.

»Nein«, sagte sie. »Ich darf ihn nicht erzählen.«

In diesem Augenblick trat die Morgensonne ins Fenster und glänzte durch die dunkeln Haare der schönen Lulu stolz und golden wie eine Glorie. Andächtig mit trauriger Freude hing des Dichters Blick an dem köstlichen Bilde. Lulu nickte ihm zu, lächelte wieder und sagte: »Ich muß Ihnen noch danken, lieber Herr Lauscher. Sie haben mir gestern Verse geschenkt, die mir hübsch erscheinen, obwohl ich sie nicht ganz verstehen kann.«

»Es war ein schwüler Abend gestern,« sagte Lauscher und blickte der Schönen in die Augen. »Darf ich das Blatt noch einmal sehen?«

Sie gab es ihm hin. Er überlas es leise noch einmal, faltete es zusammen und verbarg es in seiner Tasche. Die schöne Lulu sah schweigend zu und nickte nachdenklich. Nun wurde der Wirt auf der Treppe hörbar, Lulu sprang auf und begann ihre Morgenarbeit. Grüßend trat der kleine, feiste Wirt herein.

»Guten Morgen, Herr Müller!« antwortete Hermann Lauscher. »Ich bin heute zum letztenmal Ihr Gast. Morgen früh reise ich.«

»Aber ich hatte doch gedacht, Herr Lauscher...«

»Schon gut. Auf heute abend stellen Sie ein paar Flaschen Champagner kalt und räumen uns das hintere Zimmer ein, zum Abschiedfeiern!«

»Wie Herr Lauscher befehlen!«

Lauscher verließ Stube und Gasthaus und begab sich auf den Weg zu Ludwig Ugel, seinem

Liebling, um diesen letzten Tag mit ihm zusammenzusein.

Aus Ugels kleiner Bude in der Steingaustraße klang schon Morgenmusik. Ugel stand in Hemdärmeln noch ungekämmt am Kaffeetisch und spielte seine brave Violine, daß es eine Lust war. Das ganze Stüblein war voll Sonne.

»Ist's wahr, du willst morgen reisen?« rief Ugel dem Dichter entgegen. Der war nicht wenig verwundert.

»Woher weißt du's denn schon?«
»Von Drehdichum.«
»Drehdichum? Der Teufel werde klug daraus!«
»Ja, der Alte war die halbe Nacht bei mir. Ein toller Bruder! Er faselte wieder was Langes, Farbiges von seinen Prinzessingeschichten, Liliengärten und dergleichen. Meinte, ich müsse die Prinzessin erlösen; er hätte sich in dir getäuscht, du seiest nicht die wahre Harfe Silberlied. Verrückt, nicht? Ich verstand kein Wort.«

»Ich verstehe es«, sagte Lauscher leise. »Der Alte hat recht.«

Noch eine Weile hörte er Ugeln zu, der nun die begonnene Sonate zu Ende spielte. Bald darauf verließen beide Freunde Arm in Arm die

Stadt und wandten sich gegen die Plochinger Steige in den Wald. Sie redeten wenig; der Abschied machte beide stumm. Der Morgen lag warm und glänzend über den schönen Bergen der Alb. Bald bog die Straße in den tiefen Wald, und die Spaziergänger legten sich abseits vom Wege in das kühle Moos.

»Wir wollen einen Strauß für die schöne Lulu machen,« sagte Ugel und begann im Liegen große Farnkräuter zu brechen.

»Ja«, sagte der andere leise, »einen Strauß für die schöne Lulu!« Er riß eine ganze hohe rotblühende Staude aus der Erde. »Nimm das dazu! Roter Fingerhut. Ich habe ihr sonst nichts zu geben. Wild, fieberrot und giftig...«

Er redete nicht weiter; süß und bitter stieg es in seiner Kehle auf, wie Schluchzen. Düster wendete er sich ab; Ugel aber bog den Arm um seine Schulter, legte sich an seine Seite und wies mit ablenkender Gebärde empor in das wunderbare Spiel des Lichtes im hellgrünen Laub. Jeder von den beiden dachte an seine Liebe, und schweigend ruhten sie lange Zeit, Waldkronen und Himmel über sich. Über ihre Stirnen lief der kräftige, kühle Wind, über ihre Seelen spannte,

vielleicht zum letztenmal, die selige Jugend ihre
blauen, ahnungsvollen Himmel aus. Leise begann
Ugel ein Lied zu singen:

>»Die Fürstin heißt Elisabeth –
> Ein Hauch von Sonne, die vergeht.
> Ich wollt', ich hätte einen Namen,
> Der sich verneigt vor lieben Damen,
> Vor Schönheit, vor Elisabeth,
> Der süß von zarten Rosen weht,
> Von Blättern sind, so leicht, so laß,
> Von Rosen weiß, von Rosen blaß,
> Ein Schimmer späten Abendgolds
> Und wie der Fürstin Mund so stolz
> Und wie der Fürstin Stirn so rein,
> Und müßte singen von Glück und Pein –
> So froh und traurig müßt' er sein!«

Dem Freunde weitete die stille Traurigkeit der
schönen Stunde die Brust in Schmerz und Lust.
Er schloß die Augen; aus seiner Seele stieg das
Bild der schönen Lulu auf, wie er sie am heutigen Morgen gesehen hatte, so sonneverklärt, so
milde, so leuchtend, klug und unnahbar, daß sein
Herz in erregten schmerzlichen Schlägen pochte.
Seufzend fuhr er mit der Hand über die Stirn,
fächerte sich mit dem roten Fingerhut und sang:

»Ich will mich tief verneigen
Vor dir und ziehen den Hut,
Ich will dir Lieder geigen
Rot wie Rosen und rot wie Blut.

Ich will mich vor dir bücken,
Wie man vor Fürstinnen tut,
Und will dich mit Rosen schmücken,
Mit Rosen rot wie Blut.

Ich will auch zu dir beten,
Wie man vor Heiligen kniet,
Mit meiner wilden, verschmähten
Liebe und meinem Lied.«

Er hatte kaum geendigt, als aus dem innersten Walde hervor der Philosoph Drehdichum die Liegenden anrief. Aufschauend sahen sie ihn aus den Gebüschen treten.

»Guten Tag«, rief er näherkommend, »guten Tag, meine Freunde! Nehmet dies zu euerm Strauß für die schöne Lulu!« Damit gab er Lauschern eine große weiße Lilie in die Hand. Behaglich ließ er sich sodann den Freunden gegenüber auf einem moosigen Felsen nieder.

»Sagen Sie, Zauberer«, redete Lauscher ihn an, »da Sie doch überall sind und alles wissen: wer ist eigentlich die schöne Lulu?«

»Viel gefragt!« schmunzelte der Graubart. »Sie weiß es selber nicht. Daß sie die Stiefschwester der verdammten Müllerin ist, glauben Sie wohl nicht, und ich auch nicht. Sie selber hat nicht Vater, nicht Mutter gekannt, und ihr einziger Heimatbrief ist die Strophe eines merkwürdigen Liedes, das sie zuweilen singt und worin sie einen gewissen König Ohneleid ihren Vater nennt.«

»Dummes Zeug!« fluchte Ugel ärgerlich.

»Weshalb, lieber Herr?« entgegnete sanftmütig der Alte. »Aber dem sei, wie ihm wolle, man darf an solchen Geheimnissen nicht allzuviel tasten... Ich höre, Herr Lauscher, Sie wollen schon morgen uns und dieses Land verlassen? Wie man sich täuschen kann! Ich hätte gewettet, Sie blieben noch länger hier, da Sie, wie mir schien, eben durch die Lulu...«

»Genug, genug, Herr!« fiel ihm Lauscher wild aufbrausend in die Rede. »Was zum Teufel gehen Sie anderer Leute Liebesaffären an!«

»Nicht so heftig!« beruhigte lächelnd der Philosoph. »Davon, Wertgeschätzter, war ja gar nicht die Rede. Daß ich mich mit den Verwicklungen fremder Schicksale, besonders Dichterschicksale, beschäftigte, gehört zu meiner Wissenschaft. Für mich besteht kein Zweifel darüber, daß zwischen Ihnen und unserer Lulu gewisse subtile magische Beziehungen statthaben, wenn schon, wie ich ahne, ihrer ersprießlichen Wirkung zur Zeit noch unüberwindliche Hemmnisse im Wege liegen.«

»Erklären Sie mir das doch, bitte, etwas näher!« sagte der Dichter kühl, aber doch neugierig.

Der Alte zuckte die Achseln. »Ei nun«, sagte er, »jedes irgend höherstehende Menschenwesen strebt instinktmäßig nach jener Harmonie, die im glücklichen Gleichgewicht des Bewußten und des Unbewußten bestände. Solange aber der zerstörende Dualismus das Lebensprinzip des denkenden Ich zu sein scheint, neigen strebende Naturen gerne in halbverstandenem Instinkt zu Bündnissen mit entgegengesetzt Strebenden. Sie verstehen mich. Solche Bündnisse können ohne Worte, sogar ohne Wissen geschlossen werden, können wie Verwandtschaften unerkannt, rein gefühlsmäßig leben und wirken. Jedenfalls sind sie vorbestimmt und stehen außerhalb der Sphäre des persönlichen Willens. Sie sind ein unermeßlich wichtiges Element dessen, was man Schicksal nennt. Es ist vorgekommen, daß das eigentliche, wohltätige Leben eines solchen Bündnisses erst im Augenblicke der Trennung und Entsagung begann; denn diese unterliegen unserm Wollen, dem die Macht jener Sympathie sich entzieht.«

»Ich verstehe Sie«, sagte Lauscher mit verändertem Ton. »Sie scheinen mein Freund zu sein, Herr Drehdichum!«

»Zweifelten Sie daran?« lächelte dieser fröhlich.

»Sie kommen heute abend zu meiner Abschiedsfeier in der ›Krone‹!«

»Will sehen, Herr Lauscher. Nach gewissen Berechnungen wird mir diesen Abend eine wichtige Aufgabe zuteil werden, ein alter Traum sich erfüllen... Aber vielleicht läßt es sich vereinigen. Auf Wiedersehen!« Er sprang auf, grüßte mit winkender Hand und verlor sich rasch auf der talwärts führenden Straße.

Die Freunde blieben bis zum Mittag im Walde, beide von Abschiedsgedanken und jeder von seiner Liebe erfüllt und mit widerstreitenden Empfindungen gesättigt. Verspätet suchten sie den Mittagstisch der «Krone» auf. Sie fanden Lulu daselbst in fröhlicher Stimmung und mit einem neuen, hellen Kleide geschmückt. Freundlich nahm sie die mitgebrachten Blumen an und stellte den Strauß in eine Vase auf den Ecktisch, an dem die beiden zu speisen pflegten. Heiter und geschäftig bewegte sich die schöne Gestalt bedienend mit den Tellern, Schüsseln und Flaschen hin und wider. Nach Tisch, beim Weine, setzte sie sich zu den Freunden. Man sprach von Lauschers geplanter Abschiedsfeier.

»Wir müssen das Zimmer und alles recht festlich zubereiten«; sagte Lulu; »wie Sie sehen, habe ich an mir selber den Anfang gemacht und ein nagelneues Kleid angezogen. Es fehlt noch an Blumen...«

»Besorgen wir schon«, fiel ihr Ugel in die Rede.

»Gut«, lächelte sie. »Dann wäre es hübsch, ein paar Lampions und farbige Bänder zu haben.«

»So viel Sie wollen!« rief wieder Ugel. Lauscher nickte stumm.

»Sie sprechen ja kein Wort, Herr Lauscher!« zürnte nun Lulu. »Sind Sie nicht einverstanden?«

Lauscher gab keine Antwort. Er sagte nur, während sein Auge an ihrer schlanken Gestalt und dem feinen Antlitz hing: »Wie schön Sie heute sind, Lulu!« Und noch einmal: »Wie schön sie sind!«

Er war unersättlich, die ganze ziere Gestalt immer wieder zu betrachten. Zu sehen, wie sie mit dem Freunde die Anstalten zu seinem Abschied betrieb, verursachte ihm eine eigentümliche Qual und machte ihn stumm und verdüstert. Jeden Augenblick kam ihm wieder der Gedanke, peinigend und bitter stachelnd, daß seine Entsagung und sein Fortgehen unwahr sei, daß er ihr zu Füßen stürzen und sie mit allen lodernden Flammen seiner Leidenschaft umgeben müsse, um sie werben, sie anflehen, sie zwingen und rauben – irgend etwas, nur nicht so tatlos vor ihr sitzen und fühlen, wie von den letzten Stunden ihrer Gegenwart ein seliger Augenblick um den andern eilig und unwiederbringlich zerrann. Dennoch bezwang er sich in hartem Kampf und begehrte nur noch in diesen letzten Stunden ihr herrliches Bild sich glühend und schmerzlich in die Seele zu senken zu unvergeßlichem Heimweh.

Schließlich, da die drei noch allein im Zimmer saßen und Ugel zum Aufbruch drängte, erhob sich Lauscher, trat vor Lulu hin und faßte ihre

Hand mit seiner heißen, zitternden Rechten und sagte leise in einem gezwungenen, feierlich komischen Ton: »Meine schöne Prinzessin, wollet geruhen die Darbietung meiner Dienste in Hulden anzunehmen! Betrachtet mich, ich bitte Euch, als Euern Ritter oder als Euern Sklaven, Euern Hund oder Narren, befehlet mir...«

»Gut, mein Ritter«, unterbrach Lulu ihn lächelnd. »Ich fordere einen Dienst von Euch. Es fehlt mir auf den Abend ein recht herzensfroher Gesellschafter und Spaßmacher, der mir ein gewisses Fest unterhaltsam und lustig machen helfe. Wollet Ihr das?«

Lauscher wurde sehr bleich. Dann lachte er heftig auf, ließ sich mit komischer Verrenkung ins Knie nieder und sprach mit theatralischer Feierlichkeit: »Ich gelobe es, edle Dame!«

Nun eilte er mit Ludwig Ugel hinweg. Sie suchten vor allem die schöne Kunst- und Handelsgärtnerei beim Friedhofe auf und wüteten mit der Schere ohne Schonung in des Gärtners Rosenzucht. Besonders Lauscher war nicht zu halten. «Ich muß einen großen Korb voll Weiße haben«, rief er wiederholt, wandte alle Zweige um und hieb die Lieblingsrosen der schönen Lulu zu Dutzenden ab. Dann bezahlte er den Gärtner, hieß ihn die Rosen auf den Abend in die »Krone« bringen und bummelte mit Ugel weiter durch die Stadt. Wo etwas Buntes in den Schaufenstern hing, da brachen sie ein; Fächer, Tücher, Seidenbänder, Papierlaternen wurden zusammengekauft, am Ende auch noch ein starker Posten Kleinfeuerwerk, so daß in der Krone die schöne Lulu mit Inempfangnehmen und Unterbringen alle Hände voll zu tun hatte. Dabei half ihr, ohne daß jemand darum wußte, der gute Drehdichum bis zum Abend.

VIII

Lulu war schön und fröhlich wie noch nie. Lauscher und Ugel hatten ihr Abendessen beendet; die Freunde kamen nacheinander im Gasthause an. Als alle beisammenwaren, begab man sich unter dem Vortritt Lauschers, der die schöne Lulu zierlich am Arme führte, in die große Hinterstube. Hier waren alle Wände mit Tüchern, Bändern und Girlanden behängt, eine Menge farbiger Laternen war an der Decke in Figuren

gereiht und angezündet, der große Tisch weiß
gedeckt, mit Champagnerkelchen besetzt und
mit frischen Rosen überstreut. Der Dichter über-
reichte seiner Dame die Lilie des Philosophen,
steckte ihr eine halbgeöffnete Teerose ins Haar
und führte sie an den Ehrenplatz. Alle setzten
sich froh und lärmend; ein im Chor gesungenes
Lied eröffnete den Abend. Nun sprangen die
Stöpsel von den Flaschen, überschäumend floß
der helle, edle Wein in die zarten Gläser, wozu
Erich Tänzer die Champagnerrede hielt. Witz
und Gelächter löste sich ab, mit Tosen wurde der
nachträglich angekommene Drehdichum emp-
fangen, Ugel und Lauscher trugen jeder ein paar
lachende Verse vor. Dann sang die schöne Lulu
ein Lied, das hieß:

> Ein König lag in Banden
> Und tief in Dunkelheit –
> Nun ist er auferstanden
> Und heißet Ohneleid.
>
> Nun glänzen bunte Lichter
> Und Lieder blank ins Land,
> Nun tragen alle Dichter
> Ihr farbigstes Festgewand.

> Nun blühen Lilien und Rosen
> So weiß und rot wie nie,
> Nun singt die Harfe Silberlied
> Ihre seligste Melodie.

Als das Lied zu Ende war, griff Lauscher tief in den vor ihm stehenden Rosenkorb und warf applaudierend der Sängerin ganze Hände voll weißer Rosen zu. Der fröhliche Krieg wurde allgemein, Rosen flogen von Sitz zu Sitz, Dutzende, hundert, weiße, rote; dem alten Drehdichum hing das Haar und der graue Bart ganz voll davon. Dieser erhob sich nun, es war schon nahe an Mitternacht, und begann zu reden:

»Liebe Freunde und schöne Lulu! Wir sehen alle, daß das Reich des Königs Ohneleid von neuem beginnt. Auch ich muß heute von euch Abschied nehmen, doch nicht ohne Hoffnung auf Wiedersehen; denn mein König, zu dem ich zurückkehre, ist ein Freund der Jugend und der Dichter. Wäret ihr Philosophen, so würde ich euch eine schöne allegorisch-mystische Geschichte von der Wiedergeburt des Schönen und speziell von der Erlösung des poetischen Prinzips durch die ironische Metamorphose des Mythus erzählen, welche Geschichte heute ihr seliges

Ende erfährt. So aber tue ich besser, euch den zu lösenden Rest dieser Geschichte in angenehmen Bildern vor Augen zu führen. Schauet her, ein askisches Stück!«

Alle blickten seinem ausgestreckten Zeigefinger nach auf einen großen gestickten Vorhang, mit dem eine Ecke des Zimmers verhangen war. Dieser Vorhang wurde plötzlich sanft von innen erleuchtet und zeigte ein Gewebe von zahllosen silbernen Lilien, die eine schön in Marmor gefaßte starke Quelle umrahmten. Die Kunst des Gewebes und der Beleuchtung war so wunderbar, daß man die Lilien wachsen, sich neigen und verschlingen, daß man die Quelle sprudeln und sich ergießen sah, ja, daß man ihr edles kühles Rauschen stark vernahm.

Aller Augen hingen an dem prachtvollen Vorhang, und keiner bemerkte, daß schnell nacheinander im Zimmer alle Laternen erloschen. Sie folgten entzückt und erregt dem Zauberspiel der künstlichen Lilien; nur der Dichter achtete es nicht, sondern heftete durch das Dunkel den Blick glühend und anbetend auf die schöne Lulu. Ein heilig schönes, zartes Leuchten lag auf ihrem feinen Gesicht, matthell und gleichsam vergeistigt schimmerte in ihrem prachtvollen dunkeln Haar die weiße Rose.

Die Lilien bewegten sich unbeschreiblich schlank und harmonisch in einem seltsamen Blumenreigen um die Quelle. Ihre Bewegung und feine Verschlingung hüllte den Sinn der atemlos Zuschauenden in ein süßes, träumendes Netz von Wunder und Wohlgefallen. Da schlug eine Uhr Mitternacht. Blitzschnell rollte der glänzende Vorhang in die Höhe: eine weite Bühne tat sich in der Dämmerung auf. Der Philosoph erhob sich, man hörte im Dunkeln, wie er den Sessel rückte. Er verschwand und erschien allsogleich auf der Bühne, Haar und Bart noch voll von Rosen. Allmählich war der Raum der Bühne von einem immer mehr zunehmenden Licht erfüllt, bis klar und glänzend Quelle und Liliengarten des Vorhangs nun in edler Wirklichkeit blühend und rauschend zu erblicken waren.

Damitten stand der Geist Haderbart, als Drehdichum trotz der erhöhten Gestalt erkennbar. Im Hintergrunde stieg berückend in perlblauer Schönheit das Opalschloß empor, in dessen Saale durch die weiten Fensterbögen der König Ohneleid in mächtiger Ruhe thronend zu sehen war.

Während das Licht immer mehr zu strahlendem Glanze wuchs, trug Haderbart durch die sich bückenden Lilien eine riesige, fabelhafte Harfe aus Silber in die Mitte der Schaubühne. Der Glanz des Lichtes war nun blendend herrlich geworden und schauerte in fiebernden Wellen silbern und irisfarbig über die Opalmauern hin.

Lauschend schlug der Geist eine einzelne tiefe Saite der Harfe an. Ein großer, königlicher Ton erquoll. Langsam traten die Lilien des Vordergrundes zur Seite, eine festliche Treppe senkte sich von der Bühne herab. Im dunkeln Zimmer erhob sich hoch und schlank die schöne Lulu, schritt über die hinter ihr wieder zurückweichende Treppe hinan und stellte sich in unsäglicher Schönheit als Prinzessin dar. Mit tiefer Verbeugung überließ ihr der Geist Haderbart die Harfe; Tränen flossen aus seinen klaren alten Augen und fielen zusammen mit einer gelösten Rose aus seinem Bart zur Erde.

Die Prinzessin stand hoch und glänzend vor der Harfe Silberlied. Sie streckte die Rechte in höchster Bewegung nach dem Schlosse aus, zog die Harfe an ihre Schulter her und lief mit schlanken Fingern über alle Saiten. Ein Lied von unerhörter Seligkeit und Harmonie hob an, huldigend scharten sich alle hohen Lilien um ihre Herrin. Noch ein voller, reiner Griff in die tönenden Zaubersaiten – da rauschte mit kurzem Aufschlag der Vorhang nieder. Einen Augenblick war er noch ganz von inwendigem Glanze durchleuchtet, in heftiger Bewegung tanzten die gestickten Lilien durcheinander, immer schneller und rasender, bis nur noch ein einziger silberner Wirbel zu sehen war, der plötzlich lautlos in völlige Finsternis versank.

Betäubt und sprachlos standen und saßen die Freunde im finstern Zimmer. Bald sodann fingen sie an sich zu besinnen. Licht wurde gemacht. Durch Unvorsichtigkeit kam das ganz vergessene Feuerwerk in Brand und knallte mit abscheulichem Lärmen durcheinander. Wirt und Wirtin liefen herzu, klagten und schalten. Ein Nachtwächter pochte von der Straße aus mit dem Spieß an die verschlossenen Fensterläden. Man schrie und fragte, jeder an den andern hin.

Aber niemand fand mehr eine Spur von Lulu und dem Philosophen. Der Referendar Ripplein begann ärgerlich zu werden und von Gaunerei zu reden; doch hörte niemand auf ihn. Hermann

Lauscher war in sein Zimmer entwichen und hatte von innen geriegelt.

Als er andern Tages in aller Frühe verreiste, war von der schönen Lulu noch keine Spur gefunden. Da Lauscher sich sogleich ins Ausland begab, kann er über den ferneren Verlauf der Dinge in Kirchheim keinerlei Mitteilung machen. Denn er selber hat die vorstehende Geschichte der Wahrheit gemäß aufgeschrieben.

Briefe und Gedichte
von Hermann Hesse an Julie Hellmann

Calw, 26. August 1899

An das Lulumädele

Vielleicht wissen Sie schon, was ich Ihnen sagen will. Sie haben vielleicht gemerkt, weshalb ich gegen meinen Plan so lang in Kirchheim blieb und weshalb mir der Abschied so schwer wurde. Haben Sie mir beim Adieu-Sagen nicht angesehen, wie mir die Hand und die Stimme zittern wollten?

Also: ich will Sie ernstlich und feierlich anklagen – und zugleich Ihnen ebenso ernstlich danken. Ich stehe morgens auf und bin untröstlich, Sie an diesem ganzen Tag nicht sehen zu dürfen, ich gehe hin und her und versuche allerlei zu tun, aber nichts fesselt mich, denn ich muß alle Augenblicke wieder die Augen schließen und mir Ihr Bild ausdenken, und dieses schöne, schlanke Bild ist den ganzen Tag bei mir, still und freundlich, und vertreibt jeden andren Gedanken. Ich klage Sie an, mir alle Ruhe genommen zu haben.

Ich klage Sie an, denn Sie quälen mich; Sie wissen nicht, welche Qual der Liebe und Eifersucht fortwährend mich bedrückt.

Aber ich danke Ihnen auch. Wofür? Dafür, daß Sie so schön sind, dafür, daß ich Sie sehen durfte und daß Ihr Bild mich so verfolgt und beglückt. Von dem Augenblick an, wo ich in Kirchheim abreiste, bereute ich schon, daß ich fortgegangen war, und seitdem schmerzt mich jede versäumte Stunde.

Nicht wahr, das ist ein sonderbarer Brief! Sie fragen vielleicht, warum ich Ihnen jetzt, nachdem ich doch fort bin, dies alles schreibe. Nun, einmal tu' ich's, weil ich es Ihnen schuldig zu sein glaube. Sie sollen wissen, daß Sie meine Prinzessin und das Kleinod meiner Träume sind. Vielleicht können Sie irgend einmal jemand brauchen, der zu jedem Dienst für Sie von Herzen bereit ist, dann denken Sie an mich. Einstweilen muß ich mich damit begnügen, mich Ihnen als demütigen Gefangenen anzubieten.

Ferner will ich Sie bitten, freundschaftlich je und je an mich zu denken. Wollen Sie mir erlauben, daß ich Ihnen gelegentlich eine Blume oder ein Lied sende? Ja? Ein Wort auf einer Postkarte genügt ja als Antwort. Mehr will ich nicht von Ihnen bitten. Um Ihr größeres Bild bat ich Sie schon gestern.

Nun wissen Sie, daß einer an Sie denkt und sich danach sehnt, Ihnen irgendwie zu dienen. Es steht Ihnen frei, über meinen kuriosen Brief zu lachen – ich bitte Sie nicht einmal, ihn geheim zu halten, falls Sie das nicht selber wollen.

Hier werde ich von Eltern und Schwestern aufs liebevollste gepflegt und unterhalten, aber mich freut und rührt zur Zeit nichts mehr als meine süße, peinigende Liebe. Da ich in diesem Fieberzustand doch weder arbeiten noch ruhen kann, habe ich meine Ferien um zwei Wochen gekürzt und werde schon am 15. September nach Basel reisen. Bis dahin weiß Gott, wie ich die Zeit zubringen werde, denn augenblicklich gibt es außer Ihnen nichts, was mich interessiert oder erfreut.

Sie glauben mir doch, daß ich mich Ihnen nicht aufdrängen will? Sehen Sie, ich möchte nur, daß Sie davon wissen und mich als Liebessklaven dulden. Ob Sie mich auslachen oder ob Sie Mitleid mit mir haben – seien Sie meine Märchenprinzessin und sagen Sie mir recht bald, ob Sie

mich als Ihren Gefangenen gelten lassen wollen. Es steht Ihrem Gutdünken frei, mich als Helden oder als Hanswurst zu brauchen.
Um Ihnen doch irgend ein Andenken zu geben, lege ich meine Lieder bei. Sie sind sämtlich älter als meine Bekanntschaft mit Ihnen, schöne Prinzessin, und voll von allerlei kunterbunten Dichterlaunen. Dennoch bitte ich Sie, Sie möchten auf sich beziehen, was irgend von Liebe, Leidenschaft, Ehrerbietung und Zärtlichkeit in diesen Liedern ist.
Nun wissen Sie, wie es mit mir steht und wie verderblich mein Aufenthalt in Ihrem Hause war. Ich weiß nicht, was ich bereuen soll: daß ich nicht rechtzeitig noch Reißaus nahm, oder daß ich nicht länger in Ihrer Nähe blieb. Wenn ich so dasitze und denke, daß ich jetzt ebensogut in Kirchheim sitzen und mich Ihrer Schönheit und Ihrer Stimme freuen könnte, dann könnte ich fluchen vor Ärger über mich selber!
Nehmen Sie diesen Brief, bitte, harmlos als das Stammeln eines Verliebten, als Pulsschlag einer hilflos pochenden Leidenschaft, und lassen Sie Ihre Ruhe nicht stören. Es ist nicht ganz unmöglich, daß im September mein Weg noch einmal

Kirchheim streift, in diesem Fall möchte ich Ihnen harmlos und in Freundschaft begegnen können, wie bisher.

Hermann Hesse

P.S. Nachdem ich diese Zeilen einen halben Tag lang zurückgelegt habe, finde ich sie plötzlich schrecklich plump und dumm, aber leider ist meine Vernunft noch ganz im Bann und will nimmer gehorchen. Ich möchte immer wieder zu Ihnen sagen, wie wunderbar Ihre Schönheit mich besiegt und ergriffen hat, Sie Wunderkind, und wie weh es mir tut, daß Sie so viel dulden und sich plagen müssen, statt Ihren gebührenden Platz als Fürstin und Liebesherrin einzunehmen. Erlauben Sie wenigstens mir, Ihr Dichter und Lobpreiser zu sein und Sie mit aller Ehrerbietung und Zärtlichkeit einer heißen Dichterseele zu schmücken! Nicht wahr, das schlagen Sie mir nicht ab; denn daß ich an Sie denke und daß Sie meine Lieder erfüllen, das können weder Sie noch ich anders machen.

H.

Basel, 19. September 1899

Gruß aus Altbasel

> Zwischen Tür- und Schlüsselklirren
> Reichen Schnitzwerks zarten Ranken
> Traurig und ermüdet irren
> mir nach Kirchheim die Gedanken.
>
> Hier in Bauten, Waffen, Bildern
> Sälen, Büchern, Bechern, Schildern
> Sich der Glanz des Schönen spiegelt
> Halb ein Rätsel, halb entsiegelt.
>
> Aber hinter all dem Prangen
> Steht dein Haupt mit schmalen Wangen,
> Drin sich alle Schönheit spiegelt
> Halb ein Rätsel, halb entsiegelt.
>
> > > > > H.H.

Grüßen Sie, verehrte Kronprinzeß, Ihr Schwesterchen und Ihren einsamen Mittagesser Ugel Finckh recht schön!

In Scherz und Schmerz Ihr Hofnarr

Basel, 29. September 1899

Zu loben Seide, Plüsch und Samt
Ist immerdar des Narren Amt –
Auf Herzen und Gesichter
Verstehn sich nur die Dichter.
Zum Narren und zum Dichteramt
Mir fehlt Gesicht, Herz, Plüsch und Samt.

Basel, 16. Oktober 1899

Ich Narre lege, so närrisch ich bin,
mein gepudertes Haupt
zu Füßen der Schönheit hin.
Ich Narre weiß, was Ihr nicht wißt,
daß Schönheit besser
denn Geist und Tugend ist.

Basel, 28. November 1899

Liebes Prinzeßchen!
Soll ich Dir ein Märchen erzählen? – Ja?
Am hellgrünen Rhein in der Stadt Basel wandelte
der junge Liedersinger über die herbstgelbe Pfalz,

und der lange Schatten des großen Münsters fiel über ihn hinweg in den Rhein. Der Sänger war traurig und hatte einen sanften, bleichen Mädchenkopf im Sinn. Um ein einziges Leuchten dieses schönen Gesichtes wäre er von Basel bis ans Ende der Welt und wieder zurück gelaufen.
Er dachte an diesen sanften, bleichen Kopf mit den dunklen Rehaugen. Um einen hellen Blick dieser dunklen Rehaugen wäre er auf die oberste Spitze des Münsterturms geklettert, unter Gefahr Leibes und Lebens.
Er dachte an einen kleinen, roten Mädchenmund. Um ein Liebeswort von diesem roten Mündlein hätte er das Münster und alle Altäre der Heiligen weggegeben.
Er dachte an einen kleinen, roten Mund, – – – um einen Kuß von diesem Munde wäre er über die große Mauer in die Rheintiefe hintergesprungen.
Dann hätten ihn die grünsilbernen Rheinwellen fortgetragen und aller Sehnsucht entledigt. Und andre Sänger hätten ein hübsches Märchen daraus gemacht.
Und der Sänger wandelte am grünen Rhein – – – etc., siehe erste Seite!

Als ich neulich bei Ugel war, spielten wir das Rattenfängerlied auf der Geige und sangen leise dazu, und vor unseren Seelen zogen die Kirchheimer Sommerabende vorüber, nach Rosen duftend und voll Abendsonne. Besonders ein Abend, mein zweitletzter in Kirchheim, an dem wir alle wie zufriedene Kinder auf der Wiese saßen und Ihre Lieder singen hörten. Dieser Abend, sonnig und wolkenlos, steigt wie ein Kindertraum vor mir auf – – –

– Aber um einen Kuß von diesem Munde spränge der Sänger lachend in den tiefen, brausenden Rhein – – –

Sie aber denkt nimmer an ihn, denn sie hat ihn nie geliebt. Sie gönnt ihm ihr Bildnis nicht, sie lacht über seine Narrheiten, und wenn sie ihm eine Karte schreibt, setzt sie freundliche Grüße an andere darauf und frankiert sie bloß mit fünf Pfennig.

Verzeihen Sie abermals, Prinzessin! Wie sagt der Apostel Paulus? –: Die Liebe trägt alles, die Liebe duldet alles, die Liebe höret nimmer auf.

H. Hesse

Kastanienbäume

Jeder Ort, an dem wir eine Weile leben, gewinnt erst einige Zeit nach dem Abschiednehmen eine Form in unserem Gedächtnis und wird zu einem Bilde, das unveränderlich bleibt. Solange wir da sind und alles vor Augen haben, sehen wir nur Veduten, erst später erlischt das Zufällige und Nebensächliche. Die Erinnerung behält nur, was des Verhaltens Wert ist, wie könnten wir sonst ohne Angst und Schwindelgefühl auch nur ein Jahr unseres Lebens überschauen!

Zu jenem Bilde, das ein Ort uns hinterläßt, gehören viele Dinge, für mich aber am meisten die Bäume. Wie das Dorf, in dem ich jetzt lebe, später einmal vor meinem Gedächtnis stehen wird, weiß ich nicht, aber ohne Pappeln kann ich es mir nicht vorstellen, so wenig wie den Süden ohne Zypressen. Andere Orte sind mir undenkbar ohne ihre Linden oder ihre Nußbäume, und zwei oder drei sind mir dadurch erkennbar und merkwürdig, daß sie gar keine Bäume haben. Eine Stadt oder Landschaft aber, in der keine Baumart deutlich vorherrscht, wenn auch nur für mein Gefühl, erscheint mir kulturlos und wird mir nie zum Bilde. Ich kenne eine solche Stadt, ich lebte als Knabe zwei Jahre dort, und sie ist mir so fremd und gleichgültig geworden wie ein Bahnhof.

Eine Kastanienstadt habe ich schon lang nimmer gesehen; das fällt mir ein, so oft ich in der Nachbarschaft auf einer Seeterrasse sitze und mit Bedauern und Geringschätzung die kleinen, verschnittenen Gartenwirtschaftskastanien betrachte. Wenn die wüßten, wie Kastanien aussehen können! Wie sie dastehen, wie sie blühen, wie sie rauschen, wie sie Schatten werfen, wie sie im Sommer von ungeheurer Fülle schwellen und wie im Herbst ihr Laub so dick und massig liegt!

Ich denke an die Stadt mit den Kastanienbäumen, eine kleine alte Stadt im Schwabenland. In ihrer Mitte liegt die alte Burg, ein weitläufiges Geschachtel von massivem Bauwerk, und um die weitläufige Burg herum liegt ein erstaunlich breiter, trockener Graben, und um den Graben herum im Ring führt eine schöne Straße, die hat auf einer Seite niedere alte Häuser und kleine Gärten und auf der freien Grabenseite einen mächtigen Kranz von Kastanienbäumen.

Auf der einen Seite hängen Ladenschilder und Wirtsschilder, hier klopfen Schreiner und schmettern Spengler, dämmern die Höhlenwerkstätten der Schuster und stinken die Gerbereien. Und auf der anderen Seite ist Stille und Schatten, Laubgeruch und grünes Lichterspiel, Bienengesang und Schmetterlingsflug. So haben die armen Teufel von Klopfern und Bastlern ihren Fenstern gegenüber einen ewigen Feiertag liegen, nach dem sie häufig Sehnsuchtsblicke schielen, und den sie an warmen Abenden nicht zeitig und nicht seufzend genug aufsuchen können.

Acht Tage habe ich in dieser Stadt gewohnt, und obwohl ich in Geschäften dort war, machte ich mir doch eine Lust daraus, den Herren Kaufleuten und Handwerkern gönnerhaft in die Fenster zu schauen und mich recht oft und lang vornehm spazierengehend auf der schattigen Feiertagsseite zu zeigen. Das Schönste aber war, daß ich am Graben wohnte, in der Wirtschaft zum „Blonden Adler", und abends und die ganze Nacht die vielen blühenden Kastanien, rote und weiße, vor meinem Fenster hatte. Zwar genoß ich diese Augenlust nicht völlig ohne Opfer, denn der anscheinend trockene Wallgraben war noch feucht genug, um täglich hunderttausend hungrige Schnaken zu entsenden. Aber ein junger Mensch auf Reisen schläft in solchen heißen Sommernächten doch nicht viel, und wenn mir die Schnaken zu frech wurden, rieb ich mich mit

Essig ein und setzte mich ohne Licht mit einer Flasche Bier ans Fenster.

Was für wunderliche Abende und Nächte! Sommerduft und leichter Straßenstaub, Mückengeschwirr und feine, elektrische Schwüle.

Jetzt, nach Jahren, blicken mich diese warmen Abende am Kastaniengraben so köstlich und ergreifend an wie eine Insel im Leben, wie ein Märchen und wie eine verlorene Jugend. Sie schauen so tief und selig und reden so betörend süß und machen so wunderbar traurig wie die Sage vom Paradies und wie das verschollene Sehnsuchtslied von Avalun.

Noch am Nachmittag war ich meistens mit meinen „Geschäften" fertig. Dann promenierte ich mit dem wohligen Hochmut des Nichtstuers ein- oder zweimal um die Burg. Wenn ich es je im Leben noch zu etwas bringen wollte, mußte ich ja doch noch so bitter viel arbeiten, daß ich mir jetzt die paar geschenkten Tage wohl gönnen durfte.

Alsdann schlenderte ich zur Stadt hinaus und durch die Vorstadtgärten hügelan auf irgendeine hohe, duftende Sommerwiese oder an einen heimlich dämmernden Waldrand. Seit den Knabenzeiten hatte ich nimmer so den blitzenden

Eidechsen und den taumelnden Schmetterlingen zugesehen. Im Bach nahm ich ein Bad oder wusch mir den warmen Kopf, und dann zog ich an geborgenen Örtern ein kleines Notizbuch mit kariertem Papier heraus und schrieb mit dem feinsten Bleistift Dinge hinein, deren ich mich schämte und die mich doch unglaublich froh machten. Vielleicht sind meine Verse damals nichts wert gewesen, und vielleicht würde ich lachen, wenn ich sie wieder sähe. Aber ich möchte noch einmal beim Schreiben so närrisch froh und herzlich glücklich sein.

So wurde es Abend, und ich ging in das Städtlein zurück. Bei einem Garten nahm ich eine Rose mit und trug sie in der Hand davon, denn wie leicht hätte es geschehen können, daß ich in Lagen kam, in denen man froh ist, eine Rose zur Hand zu haben. Beispielsweise gesprochen, wenn die Tochter des Zimmermanns Kiderlen am Marktegg mir in einem günstigen Augenblick begegnet wäre, und ich hätte den Hut gezogen, und sie hätte vielleicht nicht nur genickt, sondern es auf ein Gespräch ankommen lassen, hätte ich da Bedenken getragen, ihr mit passenden Worten die Rose anzubieten? Oder es hätte auch die Martha sein dürfen, die im „Adler" Nichte und Kellnerin war, und nach der man den „Schwarzen

Adler" in den „Blonden" umgetauft hatte, und die immer so von oben herunter tat. Vielleicht war sie gar nicht so.

Und so kam ich in die Stadt herein und lief hin und her durch ein paar Gassen, um dem Zufall die Hand zu bieten, und dann kehrte ich in den „Blonden Adler" zurück. Im Gang vor der Wirtschaftstüre steckte ich meine Rose ins Knopfloch und ging dann hinein, bestellte höflich Schinken mit Senf oder eine Haxe oder ein Ripplein und ließ mir ein Vaihinger Bier dazu geben.

Bis das Essen kam, las ich noch einmal flüchtig in meinem Versbüchlein, machte schnell noch einen Strich oder ein Fragezeichen, und dann aß ich und trank und nahm mir fürs Reden und Benehmen die älteren und feineren von den Herren Stammgästen zum Muster. Es kam vor, daß der Wirt oder die Wirtin mir nicht nur freundlich einen guten Appetit wünschte, sondern sich auch ein wenig mir gegenüber setzte und ein kleines Gespräch eröffnete. Dann gab ich mit bescheidener Leutseligkeit Bescheid, und es kam vor, daß ich auch einen kernhaften Spruch oder selbst einen Witz riskierte. Schließlich bezahlte ich mein Abendessen, nahm eine Flasche Helles mit hinauf und stieg in mein Schlafzimmer, wo die Schnaken fleißig sumsten und wo ich mein Bier zum Kühlhalten ins Waschwasser steckte.

Und dann kamen die wunderlichen Abendstunden. Da saß ich auf dem Fenstersims und fühlte halbbewußt, wie schön die Sommernacht und die leichte Schwüle und das geisterhaft bleiche Leuchten der großkerzigen weißen Kastanienblüten war. Und da sah ich beklommen und schwermütig im Dunkel unter den großen Bäumen die Liebespaare gehen, langsam und aneinandergedrängt, und nahm traurig meine Rose aus dem Knopfloch und warf sie zum Fenster hinaus auf die leicht stäubende, weiße Straße, wo Wagen und Wirtshausgäste und Liebespaare drüber gingen.

Habe ich versprochen, etwas zu erzählen? Nein, ich versprach nichts, und ich will auch nichts erzählen. Ich will mich nur der alten Stadt und der Burg und des Grabens erinnern, damit ich sie nicht ganz vergesse. Ich will nur das Lied jener Sommernächte wieder hören, es ist mir lieber als alle Lieder von Avalun. Ich will nur an die Kastanienbäume denken, nach Jahren wieder einmal, und an mein damaliges Versheftlein, und an alles das, was ja nicht wiederkommt.

Verlorene Jugend, dachte ich manchmal. Aber warum verloren? Warum soll ich meine Jugend schelten, die so schön und bang und herrlich war und die noch nicht ganz von mir gegangen ist?

Unglaublich scheint mir nur, daß das damals nur acht Tage und Nächte gewesen sein sollen. Mir ist, ich hätte mehr als hundert Rosen abgebrochen und durch die Gassen getragen, ins Knopfloch gesteckt und nachher betrübt auf die dunkelnde Straße geworfen, weil niemand sie haben wollte. Freilich, sie waren gestohlen, aber wer hätte das wissen sollen? Nicht die Tochter des Zimmermanns Kiderlen und nicht die blonde Martha, und wenn sie die gestohlene von mir genommen hätte, ich hätte ihr gern hundert gekaufte dazu geschenkt.

(Erstfassung, geschrieben 1904)

Der „petit cénacle", Hermann Hesses Kirchheimer Freundeskreis

Im August 1899 traf sich Hermann Hesse mit fünf Freunden in Kirchheim unter Teck. Es sollte das letzte Treffen des Freundeskreises sein, der in der Literaturgeschichte als „petit cénacle" bekannt geworden ist. Dieses letzte unbeschwerte, fröhliche Beisammensein der Kirchheimer Freunde ist in Hermann Hesses Erzählung *Lulu* und in Ludwig Finckhs Buch *Verzauberung* literarisch überliefert.

Hermann Hesse beschrieb dieses Treffen noch im Juni des folgenden Jahres aus lebendiger Rückschau in seiner „Kirchheimer Novelle *Prinzessin Lilia*." Er veröffentlichte sie aber erst Anfang des Jahres 1906 unter dem Titel *Lulu* in der illustrierten Monatsschrift „Die Schweiz" in Zürich. In Buchform erschien sie 1907 in seinem *Hermann Lauscher*, einer erweiterten Auflage der bereits 1901 in Basel privat verlegten Broschüre *Hinterlassene Schriften und Gedichte von Hermann Lauscher. Herausgegeben von Hermann Hesse.*

Im April 1904 griff Hesse in der Betrachtung *Kastanienbäume* (die später mehrfach überarbeitet auch unter den Titeln *Es war einmal, Kastanienstadt, Sehnsucht nach meiner Kastanienstadt, Stadt mit Kastanienbäumen* erschien) ganz offensichtlich noch einmal die Ereignisse vom August 1899 in Kirchheim unter Teck auf. Jetzt aber zeigt sich schon eine deutliche Distanz, hinzu kommen augenfällige Verfremdungen. Diese betreffen nicht nur den Grund seines damaligen Besuches, sondern auch die Namen einzelner Örtlichkeiten und Personen. 1906 wurde diese Betrachtung erstmals im „Simplizissimus", der in München erschien, abgedruckt.

Ludwig Finckh schrieb die Ereignisse von 1899 erst nahezu fünfzig Jahre später auf. Er hat sie 1950 in seiner Erzählung *Verzauberung* veröffentlicht. Hier scheint er diese Zeit der Jugend fast noch einmal heraufbeschwören zu wollen. Was ihn damals dazu bewegte, kann in seiner Aufzeichnung „Lulu" vom September 1946 nachgelesen werden, die er mit der Zeile „Seltsam: Geister klopfen bei mir an.-" beginnt.

Der „Cénacle"

Hermann Hesse hatte in Tübingen einen Freundeskreis, den er ab 1897 mehrfach als „Cénacle" bezeichnete. Im Semester traf man sich in Tübingen auf den „Buden", las oder vesperte zusammen, ging spazieren, machte Wirtshausbesuche und unternahm gelegentlich auch Ausflüge. Eine ganze Anzahl solcher Ausflüge und Unternehmungen hat Hesse in seinen Briefen erwähnt. Hauptsitz des Cénacle aber war die Gaststätte Krone in Kirchheim unter Teck, wo man sich wohl vor allem in den Semesterferien traf. Hermann Hesse erhielt von mancher Zusammenkunft, an der er nicht teilnehmen konnte, eine Karte voller Spaß und Übermut. Solche Karten gingen auch noch nach

Basel. Diese Anmerkung macht deutlich und legt nahe, daß es sich hier primär um einen Kirchheimer Freundeskreis gehandelt hat, zu dem Hesse gehörte.

Zu diesen Freunden gehörten um 1897/98 einige Theologie- und Jurastudenten. Namentlich bekannt sind die Theologiestudenten Otto Alfred Aberle, in den Briefen Hesses nur im Mai und November 1897 erwähnt, und Wilhelm Schönig, der im April 1898 sowie im Mai und August 1899 erwähnt wurde. Seit dem Sommer 1897 traf sich Hesse vor allem mit drei Jurastudenten: Ludwig Finckh, Karl Hammelehle und Oskar Rupp. Wohl mit dem Beginn des Sommersemesters 1898 im April kam dann noch Otto Erich Faber dazu. Dieser Freundeskreis war es, der auch von den Freunden selbst als „Cénacle" bezeichnet wird. In Hesses Erzählung *Lulu* wird der Begriff „petit cénacle" verwendet. Dies kann nur bedeuten, daß hier der um Aberle und Schönig reduzierte Kreis gemeint war, denn beide spielen in der Erzählung *Lulu* keine Rolle mehr.

Der Anlaß für das Treffen des „petit cénacle" in Kirchheim unter Teck

Ende Juli 1899 beendete Hermann Hesse im Alter von 22 Jahren seine Tätigkeit in der Tübinger Buchhandlung J. J. Heckenhauer, wo er zuletzt als zweiter Sortimentsgehilfe tätig gewesen war, nachdem er im Jahr zuvor eine dreijährige Buchhandelslehre erfolgreich abgeschlossen hatte. Sein Entschluß war es, noch im September eine neue Stelle als Sortimentsgehilfe in der Reich' schen Buchhandlung in Basel, seiner „Stadt der Städte", anzutreten. Hesse verließ Tübingen „um sich zu heilen" und weil er dort „kein Genüge" mehr fand.

Am 1. August reiste er von Tübingen nach Calw im Schwarzwald, seiner Geburts- und Heimatstadt, um dort bis Mitte September Ferien zu machen. Schon länger hatte er eine „Wald- und Faulenz-Kur" geplant, da ihn schon seit Monaten Kopfschmerzen und Schlafmangel quälten.

Bereits im Mai mußte er mit aller Privatarbeit in Tübingen aufhören und im Juni hatte ihm der Arzt sogar ein Lese- und Schreibverbot verordnet. Er sollte statt dessen regelmäßig Abendspaziergänge machen und Ausflüge unternehmen.

Noch im Mai hatte er sich mit den „Cénacle-Freunden" in Kirchheim getroffen und bei einer Kutschenfahrt von der Gaststätte Krone aus scheinen auch erste Bande zu den beiden dort arbeitenden Schwestern geknüpft worden zu sein. Die augenscheinlich hübschen und unternehmungslustigen Schwestern waren bei den Cénaclern sehr beliebt und es wundert daher nicht, daß auch Hesse sich offenbar sehr schnell in eine von beiden, nämlich Julie, vom Vetter und Kronenwirt „Lulu" genannt, verliebte. Ein weiterer Ausflug führte Hesse dann Anfang Juni auf die Teck bei Kirchheim.

Hesse hatte ganz offensichtlich vor, sich während der Ferien noch einmal kurz mit seinem Freund Ludwig Finckh zu treffen, den er in Tübingen kennengelernt hatte. Es galt wohl, für länger voneinander Abschied zu nehmen. Wegen „Lulu" dehnte sich das Treffen aber auf zehn Tage aus und auch die anderen studentischen Freunde in Kirchheim wurden somit einbezogen.

Erstaunlicherweise ist bis heute aber nahezu unbekannt geblieben, daß drei dieser Freunde, nämlich Oskar Rupp, Otto Erich Faber und Konrad Schönig aus Kirchheim unter Teck stammten. Ludwig Finckh und Oskar Rupp arbeiteten im August 1899 zudem als Referendare am Oberamtsgericht in Kirchheim. Auch Karl Hammelehle stammte aus der Nähe, nämlich aus Wendlingen am Neckar, wo er seine Ferien zubrachte. So wird deutlich, daß dieses Treffen in Kirchheim unter Teck keineswegs ein Zufall war, sondern zu diesem Zeitpunkt nur dort möglich.

Die „Cénacle"-Freunde

Karl (Friedrich David) Hammelehle, (1876 - 1956), „Karl Hamelt" aus Hesses *Lulu* war ein alter Bekannter. Hesse hat ihn als „einen seltsamen Schwärmer" bezeichnet, der „oft schwermütig" und „selten mit sich zufrieden" sei.

Er stammte aus Wendlingen am Neckar nahe bei Kirchheim unter Teck, „Schultzes Karl", der Sohn des Wendlinger Bürgermeisters Johann David Hammelehle (1836 - 1920), Schultheiß in Wendlingen von 1883 - 1907, der nach 1907 im Ruhestand in Kirchheim unter Teck lebte und dort auch starb. Hermann Hesse hatte Karl Hammelehle schon 1892 im Klosterseminar Maulbronn kennengelernt, ein Kompromotionale", ein Mitzögling, den er aber nach der Maulbronner Zeit wieder aus den Augen verloren hatte, da er ihm „nicht nahe stand". Die Freundschaft mit Hesse lebte im Sommersemester 1897 wieder auf, da Hammelehle in Tübingen Jura studierte und Hesse zufällig wieder getroffen hatte. 1904 war Hammelehle Justizreferendar in Stuttgart, ab 1905 Rechtsanwalt. Briefkontakt mit Hesse bestand noch bis zum letzten Treffen in Konstanz 1907. Im Jahre 1936 änderte Hammelehle seinen Namen in Hamlelin.

Ludwig Finckh, (1876 - 1964), „Ludwig Ugel" in Hesses *Lulu*, stammte aus Reutlingen. Er studierte zunächst in München zusammen mit Oskar Rupp Jura (Wintersemester 1895/96), wechselte dann aber zur Universität Tübingen im Wintersemester 1896/97 oder Sommersemester 1897. Hesse lernte er im Sommer 1897 bei einem Besuch in der Tübinger Buchhandlung J. J. Heckenhauer kennen, wo Hesse arbeitete. Sie schlossen spontan Freundschaft und wurden enge Freunde. In einem Brief von 1898 wird er von Hermann Hesse als „ein begabter, recht wohlhabender, aber in seltener Weise bescheidener und liebenswürdiger Mensch" bezeichnet. Hesse besuchte seinen Freund dann des öfteren in Reutlingen, wo er seit dem Ende des Wintersemesters 1897/98 sogar ganz wohnte. Hesse fand in Reutlingen auch Anschluß bei der Familie Finckh. Mehrere Besuche galten von dort aus dem Lichtenstein, „Hesses Lieblingsort".

Ab Mai 1899 wohnte Finckh in Kirchheim unter Teck in der Steingaustraße bei Reallehrer Hoffmann, wo er sich auf sein Juraexamen vorbereitete. Sein täglicher Mittagstisch war in der Gaststätte Krone. Er hatte Hesse nach dessen Weggang aus Tübingen zu einem Abschiedstreffen nach Kirchheim eingeladen und für ihn ein Zimmer in der Gaststätte Krone bestellt.

Nach diesem Treffen und der Beendigung einer unglücklichen „Sommerliebe" verließ Ludwig Finckh im Oktober Kirchheim und brach das Jurastudium ab. Zum Wintersemester 1899/1900 wechselte er nach Freiburg und wählte als neues Studienfach Medizin. Von Freiburg aus besuchte er dann des öfteren Hesse in Basel.

Finckh lebte nach Beendigung des Studiums ab 1905 bis zu seinem Tod in Gaienhofen am Bodensee, wohin auch bereits Hermann Hesse kurz zuvor gezogen war, der dort aber nur bis 1912 blieb. 1927 in Zürich und 1957 in Montagnola fanden die beiden letzten Treffen zwischen den ehemaligen Freunden statt.

An die Zeit des Cénacle erinnert noch eine Federzeichnung (Tusche) aus seinem Besitz, die er Julie Hellmann mit einer Widmung geschenkt hatte. Sie zeigt den Aussichtsturm mit Mörikehalle auf der Teck, vorne unterzeichnet von den Cénacle-Freunden: „Ludwig Finckh. Hermann Hesse. Otto Erich [Faber]. Carl Hammelehle. Oscar Rupp." Auf der Rückseite befindet sich die Widmung von Ludwig Finckh: „dem Lulumädele, zum ewigen Angedenken an den Teck-Ausflug der Cénaceln August 1899, an welchem Karlchen badete u. vom Rad runter fiel. In Verehrung Ludwig Finckh."

Oskar (Felix) Rupp, (1876 - 1963), „Oscar Ripplein" in Hesses *Lulu*. „Ein ruhiger, sehr fleißiger, abgeklärter Mensch; er hört mehr zu, als er spricht, und fehlt einem doch, wenn er nicht da ist." So hat Hesse ihn charakterisiert. Sein Großvater nannte ihn liebevoll „Mein Aristokrätle".

Er war der Sohn des Oberpostmeisters Franz Rupp (1840 - 1929), aus Willsbach im Oberamt Weinsberg, der Bahnhofsverwalter von Oberndorf war und 1869 zum Oberpostmeister in Kirchheim unter Teck berufen wurde. Oskar Rupp ging in Kirchheim in die Lateinschule und studierte später in München Jura. Dort lernte er spätestens im Wintersemester 1895/96 Ludwig Finckh kennen, der dort ebenfalls Jura studierte. Beide wechselten dann nach Tübingen. Im August 1899 lebte Oskar Rupp wie auch Otto Erich Faber in Kirchheim unter Teck. Rupp absolvierte ein Vorbereitungsjahr zur praktischen Erlernung des Gemeindedienstes. Beide trafen sich nach des Tages Arbeit gewöhnlich noch in der Gaststätte Krone auf ein Glas Bier. Begonnen hatte er diesen Dienst im Dezember 1898 beim Stadtschultheißenamt, abgeschlossen im Dezember 1899 im Oberamt. Die zweite Staatsprüfung legte er Ende November 1900 ab.

Hesse und Rupp hielten auch nach dem Abschiedstreffen noch Kontakt aufrecht. Hesse hatte ihm 1899 (noch während des Kirchheimer Treffens?) ein Exemplar seines Prosabandes *Eine Stunde hinter Mitternacht* mit einer Widmung „H. s/l Rupp" [Hesse seinem lieben Rupp] überreicht und etwas später auch ein Exemplar des „Niels Lyhne" von Jens Peter Jacobsen mit der Widmung: „H. Hesse s/l Oscar Rupp zur Erinnerung an die Zeit des Cénacle." und „ ‚Ich habe auf das Schiff gewartet' - Seite 127". Wohl vom Ende des Jahres 1899 stammt ein Exemplar der handgeschriebenen Gedichtsammlung *Notturni*, von Hesse „Meinem lieben Oscar Rupp" gewidmet, darin das Gedicht „Meinem lieben Oscar". Auch ein Exemplar von Scheffels „Trompeter von Säckingen" hat Hesse Oskar Rupp noch überreicht. Trotzdem scheint der Kontakt zu Hesse aber schon bald nach der Jahrhundertwende verlorengegangen zu sein.

Oskar Rupp war im Januar 1901 Staatsassistent im Oberamt in Schwäbisch Hall, dann Regierungsreferendar und stellvertretender Amtmann in Waiblingen bis 1905, später Oberamtsverweser in Nürtingen 1916 - 1919, Oberamtmann in Besigheim am Neckar 1919-1922, in Ellwangen an der Jagst 1922/24, im Regierungspräsidium Stuttgart 1924/25 und am württembergischen Verwaltungsgerichtshof Oberverwaltungsgerichtsrat ab April 1925. Zu Beginn des „Dritten Reiches" Engagement für die Bekennende Kirche. 1941 durch einen Erlaß Adolf Hitlers mit der Verpflichtung zur Weiterarbeit in den Ruhestand versetzt. Nach dem Zweiten Weltkrieg besorgte er ab 1946 in Stuttgart den Aufbau des neuerrichteten württembergisch-badischen Verwaltungsgerichtshofes, als dessen erster Präsident er am 14. Oktober 1946 vereidigt wurde und den er bis 1948 leitete. 1953 wurde ihm das Große Verdienstkreuz des Verdienstordens der Bundesrepublik Deutschland durch Bundespräsident Theodor Heuss verliehen.

Theodor Otto Erich Faber (1877 - 1959), „Erich Tänzer" in Hesses *Lulu* , „der Tänzer, der Schwerenöter" bei Finckh. In einem Brief charakterisierte ihn Hesse folgendermaßen: „Ein gewandter, eleganter, aber durchaus harmloser, naiver Kamerad, voll von Lust und Talent zum Mimen, von Respekt und Sarkasmen gegen die hohe Wissenschaft, dabei in Sachen der Kunst, besonders in Einzelheiten, ein Versteher und Kenner."

Er war der Sohn des Oberpräceptors der Kirchheimer Lateinschule Georg Theodor Faber, der 1878 von Winnenden an die Lateinschule nach Kirchheim unter Teck versetzt worden war. Er starb 1909 in Kirchheim.

Erich Faber war beim Umzug nach Kirchheim gerade ein Jahr alt. 1891 wurde er in Kirchheim konfirmiert. Um 1897/98 studierte er in Tübingen Jura und im Sommer 1899 war er in Kirchheim tätig.

Nach dem Augusttreffen in Kirchheim bestand wohl noch bis zum Beginn des folgenden Jahres eine engere Freundschaft mit Julie Hellmann, der er einmal „näher stand", die aber offenbar von ihm „schwer gekränkt" im März 1900 Kirchheim unter Teck überraschend verließ. Später war er Rechtsanwalt in Backnang

In Hesses Erzählung *Novembernacht* aus der Cénacle-Zeit, die auf einer wahren Begebenheit in Tübingen vom März 1898 beruht, nennt Hesse seinen Begleiter „Otto Aber". Wahrscheinlich war dies der Cénacler Otto Faber und nicht, wie bisher vermutet, der Student Otto Alfred Aberle gewesen.

Wilhelm Schönig, (1876 - 1909), „Pfarrvikar Wilhelm Wingolf" in Hesses *Lulu* und „Kandidat der Theologie Böhning" bei Ludwig Finckh. Er konnte laut Hesse an „einem Abend unglaublich viel Geist und wirkliche Wissenschaft verbrauchen" und verstand „aus dem Stegreif sehr fließend und deutlich über Wissenschaftliches zu sprechen."

Er war der Sohn des Kirchheimer Reallehrers Friedrich Wilhelm Konrad Schönig (1847 - 1937). Sein Vater, der aus Waldthann stammte, kam um 1873 nach Kirchheim unter Teck. Wilhelm Schönig wurde in Kirchheim geboren und studierte um 1897/98 in Tübingen Theologie. Er heiratete 1906 und starb nur drei Jahre später, eben erst Pfarrer in Steinkirchen, Oberamt Künzelsau. Begraben wurde er im Mai 1909 auf dem Alten Friedhof in Kirchheim.

Das Treffen des „petit cénacle" Mitte August in Kirchheim unter Teck

Fast genau vierzehn Tage nach seiner endgültigen Abreise aus Tübingen traf Hesse von Calw kommend mit dem Zug in Kirchheim unter Teck ein. Es soll ein Sonntag gewesen sein, wie Ludwig Finckh in seinem Buch *Verzauberung* schreibt. Hesse kam in Wirklichkeit aber nicht am Sonntag, den 13. August am alten Kirchheimer Bahnhof an, sondern er entstieg dem Zug erst am Mittwoch, den 16. August mit Koffer und Geigenkasten in der Hand. Sein Freund Ludwig Finckh erwartete ihn, um ihn ins nahe gelegene Gasthaus Krone beim Schloß zu begleiten.

Das Kirchheimer Treffen dauerte insgesamt zehn Tage, wie Hesse übeliefert hat. Am 25. August war er noch in Kirchheim, wie seinem Brief vom 26. August aus Calw „An das Lulumädele" in der Krone zu entnehmen ist. Die fünf Freunde des Cénacles, im August 1899 „petit cénacle" genannt, verlebten zehn herrliche Tage voll von Verliebtheit und Übermut. Sie genossen aber auch die Schönheiten der sommerlichen Umgebung mit all ihren Reizen und eine ganze Reihe davon haben sowohl Hermann Hesse als auch Ludwig Finckh in ihren Erzählungen festgehalten.

Mit der Widmung „1899, 25/VIII Frl. Julie Hellmann (Lulumädele) überreicht von HH." schickte Hesse seiner „Lulu" am 26. August von Calw aus einen Brief, dem er eine Vorzugsausgabe seines schon im November 1898 erschienenen und privat finanzierten Erstlingswerkes *Romantische Lieder* beilegte.

Noch bis zum Dezember 1899 schrieb Hermann Hesse seinem „Lulumädele", der „schönen Prinzeß" weitere Briefe aus Basel mit Gedichten voll glühender Leidenschaft. Sie alle aber blieben unbeantwortet. Hesse, durch Verliebtheit betört und sprichwörtlich nahezu blind, hatte nicht bemerkt, daß seine Gefühle keine Resonanz fanden. „Lulu" war nicht an ihm, seiner Person, interessiert, aber an seinem Violinspiel, wie sie in ihrer Erinnerung *Erzählung aus der Hessezeit - Kirchheim-Teck 1899* später berichtet hat: „Beim nächsten Mittagstisch saß dann an dem ersten Tischchen außer Ugel noch ein blonder, schmächtiger Jüngling, der etwas linkisch und schüchtern zu sein schien, der aber wie sein Freund Ugel sehr schön Violine spielte, was er jedoch nur in seinem Zimmer tat."

Auch in Möckmühl hat sie später geäußert, daß es damals doch sehr viel „schönere" Männer als den jungen Hermann Hesse gegeben habe. Diese scheinen dann ihre Aufmerksamkeit doch sehr viel schneller und leichter erreicht zu haben. Einer davon war der Cénacler Otto Erich Faber, dem sie „einmal näher stand", aber auch keine geglückte Liebe, wohl eher nur eine Liebschaft, wie sie offenbar zu spät erkannt hat.. Dies jedenfalls hat Julie Hellmann ebenso offen in ihrer bereits oben erwähnten Erzählung festgehalten.

Hesses Novelle *Lulu* ist im historischen Kern unzweifelhaft die subjektive Darstellung eines Teils einer „Kirchheimer Beziehungsgeschichte", die schon lange zu Ende ist, literarisch aber immer noch präsent und gefragt.

Ein Besuch im Kirchheimer Fotoatelier Otto Hofmann

Während des „Kirchheimer Treffens" suchten die Freunde auch das Atelier des Kirchheimer Fotografen Otto Hofmann im Garten hinter dem Haus Jesinger Str. 10 auf, um dort eine Fotoserie aufnehmen zu lassen. Drei verschiedene Aufnahmen, die heute als „ein Satz" angesprochen werden können, sind bekannt. Eine davon wurde von Hesse-Forschern früher irrtümlich einem unbekannten Tübinger Fotografen zugesprochen.

Bis heute sind acht Fotoabzüge bekannt geworden. Die beiden Cénacler Hesse und Rupp besaßen nachweislich je einen Satz.

Von dem Bild mit der Teckleinwand sind noch zwei weitere Abzüge bekannt. Der eine befindet sich mit dem Zusatz „Cenacle-Sommer 1899" im Literaturarchiv in Marbach am Neckar. Bei dem zweiten handelt es sich offenbar um einen späteren Abzug von der schon deutlich beschädigten Glasplatte. Es befindet sich in Privatbesitz. Von Hesses Satz befinden sich heute zwei Aufnahmen, seine in Basel gerahmte und die Julie Hellmann überlassene, im Archiv des Schiller-Nationalmuseums in Marbach am Neckar. Die dritte, ebenfalls in Basel gerahmte, gehört dem Hesse-Archiv der Schweizerischen Landesbibliothek. Sie ist in der Dauerausstellung des Hesse-Museums in Calw zu sehen.

Ludwig Finckh, der 1946 die von Hesse Julie Hellmann überlassene Aufnahme mit Widmung in Händen hatte, scheint zu diesem Zeitpunkt keine Fotos mehr im Besitz gehabt zu haben. Über die beiden anderen Cénacler Hammelehle und Faber ist diesbezüglich nichts bekannt.

Die drei Aufnahmen des Satzes zeigen einmal Hesse und zweimal Finckh im Mittelpunkt der Gruppe. Bei den beiden letzteren bilden einmal Hesse und Rupp, die sich am Rande gegenüberstehen, den Rahmen für ein Gruppenporträt ohne Hintergrund. Die andere Aufnahme zeigt die Gruppe vor einer gemalten Leinwand, mit dem Blick von Kirchheim auf den Teckberg vom alten Dreikönigskeller aus. Hesse und Finckh haben hier im Gegensatz zu den drei Juristen, ihre Hüte nicht auf dem Kopf, sondern in der Hand bzw. der liegende Hesse auf dem Knie.

Überraschenderweise ist das Atelier des Kirchheimer Fotografen Hofmann noch im damaligen Zustand erhalten. Dazu gehört auch die auf dem Gruppenfoto des Cénacle zu sehende Leinwand mit dem Teckblick. Dies wurde vom Verfasser 1995 entdeckt. So konnte die schon seit längerem auf Grund anderer Hofmann-Fotos bestehende Vermutung, daß auch dieses Foto im Kirchheimer Atelier entstanden ist, nachgewiesen werden.

Das Ateliergebäude wird in den nächsten Wochen von seinem ursprünglichen Standort in das Freilichtmuseum des Landkreises Esslingen in Beuren umgesetzt, wo es nach sorgfältiger Restaurierung in etwa zwei Jahren erstmals der Öffentlichkeit zugänglich sein wird.

Im Literarischen Museum im Max-Eyth-Haus in Kirchheim unter Teck wird seit 1993 in einer kleinen Abteilung an Hermann Hesses Aufenthalt im August 1899 in Kirchheim unter Teck und an den Freundeskreis erinnert.

Rainer Laskowski M. A.   im August 1999

Quellen: Ninon Hesse (Hrsg.), Hermann Hesse, Kindheit und Jugend vor Neunzehnhundert, 1877 - 1900, 2 Bände, Suhrkamp Verlag, Frankfurt a. M. 1966 und 1978 (Abb. S. 193, Briefe Nr. 659, 668, 674, 681, 696, 774, 806, 808, 874, 875, 936; Anm. I petit Cénacle S. 539/40, Anm. II Nr. 52, Nachwort S. 653; Chronik S. 668 - 678)
Hermann Hesse, Bodensee, Thorbecke Verlag, Sigmaringen 1977
Ludwig Finckh, Gaienhofener Idylle. Erinnerungen an Hermann Hesse, Knödler Verlag, Reutlingen 1981
Ludwig Finckh, Verzauberung, Schöllkopf Verlag, Kirchheim 1998
Ludwig Finckh, Verzauberung, Gerhard Hess Verlag, Ulm 1950
Hermann Hesse, Hermann Lauscher, Insel Taschenbuch Nr. 206, Frankfurt am Main 1976
Martin Pfeifer, Julie Hellmann, Hermann Hesses Lulu, Schöllkopf Verlag, Kirchheim 1991.

Für wichtige Hinweise und Auskünfte sowie Überlassung von Archivmaterial danke ich Frau Thusnelde Rupp, der Tochter von Oskar Rupp, Herrn StadtOAR Dr. Manfred Schmidt, Familie Hammelehle aus Wendlingen, Herrn Dr. Hergenröder aus Köngen, Herrn Dr. Thomas Scheuffelen von der Arbeitsstelle für literarische Museen, Archive und Gedenkstätten in Baden-Württemberg in Marbach am Neckar, Frau Victoria Fuchs vom Schiller-Nationalmuseum in Marbach am Neckar, Herrn Dr. Paul Rathgeber vom Hesse-Museum und Hesse-Archiv in Calw.

Hermann Hesse: Lulu...5

Briefe und Gedichte an Julie Hellmann.................77

Hermann Hesse: Kastanienbäume........................87

Nachwort...95